末代皇帝秘史

你所不知道的溥儀

賈英華——著

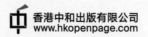
香港中和出版有限公司
www.hkopenpage.com

中華數千年歷史中，變化最大莫過於近百年來的巨變。其中最為奇特且不可替代的一位特殊歷史見證人，便是末代皇帝——愛新覺羅·溥儀。他不僅歷經晚清、民國、抗日戰爭乃至新中國建立後的風風雨雨，並且親歷「文革」而病逝其間。

溥儀作為一位前無古人、後無來者的傳奇歷史人物，確有說不盡的真實故事。研究他的一生，無疑就是研讀濃縮的中國百年史。其歷史意義怎麼說都不為過。我撰寫的這部關於溥儀的作品，是應邀在中央電視台《百家講壇》講述的《你所不知道的溥儀》第一部。記述內容是從溥儀出生、登基到他出宮直至遁離天津期間的真實秘事。

此書付梓之際，對於眾多讀者，有必要簡略介紹一下此書主要史料來源：

一是，我數十年前圍繞溥儀採訪了晚清以來三百多人，他們基本上是與溥儀有過親身接觸的。我收藏的不僅有被採訪者的簽名，還有被訪者的照片。甚至對於有些重要人物，如溥儀的胞弟溥傑、溥儀的二妹韞龢、國舅潤麒、溥儀的四弟溥任、溥儀的侄子毓喦、毓嶦等皇族代表人物以及末代太監孫耀庭等

歷史當事人，我在採訪期間還做了錄音和錄像。如今數百小時的錄音及錄像，成了極為珍貴的文史資料，也為此書的形成，提供了鮮活的不可再得的歷史細節。

二是，我多年以來圍繞溥儀這個歷史人物，先後撰寫了《末代皇帝的後半生》《末代皇帝的非常人生》《末代皇帝最後一次婚姻解密》以及《末代皇弟溥傑》《末代太監孫耀庭》等一系列「末代」書籍。其中一些歷史細節，無法全部寫入，否則便成了史料堆砌。但這些內容為此書撰寫提供了扎實的史料基礎。

三是，我多年來收集並收藏了有關溥儀的文物以及大量照片。文物會說話，且更準確。譬如溥儀親筆書寫的九封信札（含有信封手跡和郵票、郵戳等）以及溥儀病歷檔案、溥儀珍藏的愛新覺羅原版宗譜、溥儀的眼鏡、親手使用過的鏡子、溥儀「登基」所發行的郵票，還有當年理藩部印製的蒙漢文原版《清帝遜位詔書》並附《清室優待條件》等等。這些無疑為此書提供了生動的歷史佐證。

四是，我收藏了多種版本的溥儀《我的前半生》未定稿。這為我梳理溥儀的人生認識提供了可靠的第一手史料。而且，其間各種版本的演變，也客觀反映了溥儀對歷史及自身認知的前後變化。

五是，我收藏了晚清以來有關溥儀的民國書籍以及國內外雜誌、報紙等，且收藏了數百部百年來外國人撰寫溥儀及晚清人物的外文書籍，這為此書提供了厚重的紀實史料和令人信服的歷史背景。

尤應不宜掠人之美。須提及諸多老前輩所撰寫的文史資

料，也為此書提供了相關歷史細節及環境的記述參考。還應當提到，此書為承繼中華文化傳統，對於所涉及的一些老北京話如何從滿語轉換而來，雖略作考證確也參考了前人的論述。至此還應感謝已故滿學家常瀛生先生的專著及其他滿漢典籍，為此書奠定了學術基礎。

此外，書中還參考了一些網絡，如博客及微博的內容以及有關爭議，限於體例，恕無法一一注明出處，在此一併表示感謝。

值此書出版之際，不應忘記愛新覺羅家族對「末代系列」叢書出版的支持。溥傑夫婦及嫮生等家人、溥儀遺孀李淑賢、皇叔載濤夫婦及溥仕等家人、溥任先生及毓璋等家人、溥儀二妹韞龢和鄭廣元及鄭爽等家人、溥儀三妹韞穎和潤麒夫婦及曼若等家人、溥儀四妹韞嫻和趙琪璠夫婦及趙鼎昌等家人、溥儀五妹韞馨和萬嘉熙夫婦及家人、溥儀六妹韞娛和其夫王力民及家人、溥儀七妹韞歡及家人、溥儀的侄子毓喦、毓嶦及家人等。還不應忘記我的忘年摯友、溥儀的《我的前半生》執筆人李文達等人，以及我採訪過的三百多位歷史當事人。若無這些前輩，此書不可能問世。

《你所不知道的溥儀》，不僅在記述溥儀的一生，也在真實記錄百年來歷史的變遷，旨在留住歷史，留住歷史的細節。

目　錄

堂堂大清宣統皇帝溥儀，果真有漢族血統嗎？

人所不知，皇上確有小名嗎？直到五十多歲，溥儀才知道自己的小名。

溥儀究竟出生在醇親王府甚麼地點？溥儀在康熙粉彩大果盤裡長大，對他一生有甚麼重大影響？——偽滿洲國年號「康德」，竟與此有關。

幾乎所有人都把溥儀的「字」——「曜之」，寫錯了，作者以收藏的一封溥儀親筆信的簽名為證。

最後一位天子的出生

末代皇帝溥儀的一生，可謂跌宕起伏、極具傳奇色彩。他三歲登基，一生三次稱「帝」，歷經晚清、民國、偽滿洲國，一度被滯留蘇聯，爾後歸國改造，在新中國成為自食其力的普通公民。可以說，他一生的奇特經歷前無古人、後無來者，這不僅是一個歷史奇跡，也是晚清以來中國百年歷史的縮影。

如何評價溥儀？簡單地說，他是一個歷史傳奇人物，同時也是一個無奈的悲劇人物。筆者講述的溥儀，力求真實客觀，避開人所熟知的內容，而側重講述溥儀人所不知、人所罕知以及故事背後的故事。

溥儀有小名嗎？

溥儀出生於光緒三十二年正月十四日，即 1906 年 2 月 7 日。據《清史稿》記載：「宣統皇帝名溥儀，宣宗之曾孫，醇賢親王奕譞之孫，監國攝政王載灃之子也。母，攝政王嫡福晉蘇完瓜爾佳氏。光緒三十二年春正月十四日，誕於醇邸。」這裡說得很清楚，溥儀出生於醇親王府，但究竟具體出生在哪兒？實際上，京城原有兩個醇親王府，並不在同一地點。最早

的醇親王府在西城太平湖北岸，就是如今中央音樂學院所在地。那是溥儀的大爺——光緒皇帝的出生地，也是光緒皇帝的潛龍邸，也就是說他當皇帝之前，「蟄潛」於此。

確切地說，溥儀生於什剎海北岸的醇親王府。這裡早先是康熙皇帝寵臣明珠的府邸。實際上，溥儀出生在醇親王府的思謙堂東裡間，這是醇親王載灃夫妻的臥室。

為甚麼能說得如此確切呢？一是依據溥儀的四弟溥任先生（又名金友之，1918年—2015年）簽名的採訪記錄，同時筆者也找到了民國期間原版的外國畫報，上面有一張當年思謙堂東裡間的攝影照片為證。

眾所周知，溥儀的父親醇親王載灃共有四子、七女。嫡福晉瓜爾佳氏·幼蘭，生下了兩子三女，即溥儀和溥傑以及三個妹妹。載灃另外一子四女，則是側福晉鄧佳氏所生。世人罕知

攝政王載灃
愛新覺羅·載灃（1883年—1951年），字伯涵，號靜雲，晚年自號書癖。清宣宗道光帝之孫，醇親王奕譞第五子，光緒帝載湉的異母弟，宣統帝溥儀生父，於宣統年間任監國攝政王，辛亥革命辭去攝政王職。1951年2月3日病逝。

載灃與瓜爾佳·幼蘭（左立者）等

瓜爾佳·幼蘭（1884 年—1921 年），滿洲正白旗人，軍機大臣榮祿之女、載灃嫡福晉，溥儀的生母。1921 年，溥儀與端康太妃爆發衝突，她被太妃召入宮中，跪地受到訓斥，回府後吞鴉片自盡。

的是，溥儀還有一位三弟叫溥俅，但不到三歲便夭折而亡。只在愛新覺羅家譜上，空留下了一個姓名。

醇親王的長子，即是溥儀，全名愛新覺羅·溥儀，字曜之，號浩然。

說到這兒，須提到溥儀的小名即乳名。皇上能有小名嗎？不少老北京人都提出過這個問題。經考證，溥儀不僅有小名，還確有一番來歷。他的小名叫「午格」。

溥儀出生當天，一見是個男孩兒，醇親王府上下欣喜若狂，他的父親醇親王載灃素來以摳門著稱，這回也算開了竅，上上下下無論甚麼人，一律給予賞賜。孩子生下來了，總得起個名字。載灃事先幾經考慮，煞費苦心地琢磨出了幾個備選的

刊載有溥儀出生地的外國畫報

小名，鄭重其事寫在一張紅紙上，親交溥儀的祖母劉佳氏，由她老人家親自挑選定奪。到最後，老太太挑選了一個，確定下溥儀的小名叫「午格」。

為甚麼起這麼一個名字？因為溥儀的出生，佔了四個「午」字——「丙午年」出生，而且又是「壬午日」「午時」出生於醇親王府。再加上溥儀又屬馬——午馬。這樣，溥儀的出生佔了四個「午」字。

「午格」——午是漢文，說的是出生的具體時辰；格，是滿語，意思是：英俊的男子漢。可見，溥儀生下來五官端正，相貌堂堂。從留下的真實照片來看，也的確如此。從溥儀的小名來看，也體現了漢滿結合的特點。

然而，溥儀出生之後許久，都不知自己有小名，更不知道小名叫甚麼。直到他五十多歲特赦回到京城，在撰寫自傳《我的前半生》時，查閱父親載灃的日記，發現有一處貼着一個黃

綾子條，這顯然是特指皇上的「避諱」。

於是，溥儀小心翼翼地揭開一看，倆字——午格。直到這時，溥儀才知道自己的小名。過後，他趕緊去二妹韞龢家詢問，馬上得到了證實。全家人都知道這個公開的秘密，唯獨溥儀自己不知。因為皇上的小名不能亂叫，這叫「避諱」。甭看此事他不知，卻知道自己是在康熙粉彩大果盤裡長大的。這是怎麼回事？

溥儀是在康熙粉彩大果盤裡長大的嗎？

溥儀出生之後，根據醇親王府的老規矩，長孫要交由祖母看養。以後出生的子女才能交給生母撫養。這樣，溥儀剛過滿月，就被抱到了老祖母劉佳氏的身邊。

劉佳氏是老醇親王奕譞的側福晉，先後生下了載灃、載洵和載濤三個兒子。溥儀是載灃的長子，自然就是劉佳氏的親孫子。

這位老太太成天吃齋唸佛，是個性格溫柔的善良之人。她對溥儀疼愛極了。起初，溥儀剛抱來時，她最喜歡和溥儀睡在一起，另有乳母王焦氏伺候小阿哥的吃喝拉撒睡。府裡後來考慮到老太太年事已高，哪兒能天天晝夜陪伴溥儀呢？於是分開而睡。可每天晚上睡覺時，老祖母唯恐溥儀的被窩沒蓋好，一夜總要起來幾次，她怕吵醒長孫，便把鞋脫掉，僅穿一雙厚底襪子，躡手躡腳走過去，察看溥儀睡得好不好，給他掖掖被子，唯恐寶貝孫子着涼受病。

劉佳氏整宿整宿的不睡覺，這哪兒行啊！這樣便由跟她整天在一起的乳母王焦氏來給老太太做工作，說，您吶，就別多

溥儀祖母劉佳氏

溥儀祖母劉佳氏

操心了，由我來伺候，以免您身體有恙。

溥儀的乳母王焦氏本是河北人，早年由於家鄉鬧災荒來到了北京，聽說醇親王府招募奶娘，便來應招。在眾多奶媽當中，她由於奶水充足、品貌端正，而且性格溫柔，為人善良，因此被挑中而成了溥儀的乳母。

王焦氏之所以能夠當上乳母，還由於王府裡有一種特定的檢驗乳汁的方式，即讓乳母把奶水擠下來之後，放在一個白瓷盤子裡，慢慢陰乾。陰乾後的乳汁裡，第一，不能有渣子。第二，不能有異味。而且要求是純白色的。有一部分乳汁陰乾以後，就變成了血色。這樣的乳汁是不能用的。王焦氏就是這樣經過醇親王府的反覆挑選，當上了溥儀

的乳母。

值得提到的是，祖母臥室的桌子上擺放着一個巨大的康熙粉彩大果盤，裡面一年四季擺放着宮內老太妃賞賜的各種水果。多寶閣上的花盆裡，還栽種着鮮靈靈的水仙花。

說來也怪，幼小的溥儀從小愛哭，一哭就止不住，放哪兒都不行。一次哭鬧時，溥儀偶然被放入果盤裡，竟然止住了哭聲。此後每當被抱進去，溥儀就會變得眉開眼笑。大夥都說，溥儀和這隻果盤天生有緣。

實際上，那次正趕上天熱，果盤裡涼爽，溥儀感覺舒服自然就不哭了。細心的祖母怕溥儀着涼，冬天往往在果盤裡墊一個軟繡墊兒，經常讓幼小的溥儀靜靜地躺臥在裡邊，逗着玩耍，直到被抱進宮之前。

平常日子裡，老祖母總愛坐在康熙粉彩大果盤旁邊，微笑地望着在大果盤裡玩耍的溥儀，彷彿成了一種安慰。老祖母劉佳氏對溥儀格外疼愛，當溥儀進宮之後，老祖母還時常叨唸起皇帝幼年的生活瑣事，經常說起：「午格呀，是我從小抱大的喲。」

如今客觀分析來看，溥儀顯然是一個多重性格的人，最明顯的是極為敏感。這跟溥儀從小由祖母劉佳氏教養有關。外人不知，劉佳氏精神上受過幾次刺激，這對於溥儀有重大影響。長大以後的溥儀，也多少有些神經質，無論在宮內還是偽滿總是懷疑有人想殺害他。根據現代醫學研究，小孩除遺傳外，尤其在三歲前，受天天接觸的親人影響最大。

那麼，劉佳氏是個甚麼樣性格的人呢？她的精神病，跟慈禧太后有關。慈禧太后的親妹妹——葉赫那拉·婉貞，是奕譞

三歲前的溥儀

溥儀乳母王焦氏

的嫡福晉，但她對於姐姐卻並不買賬。據說，同治皇帝賓天後不久，慈禧召胞妹婉貞進宮看戲，哪知這位妹妹坐下後卻一聲不吭，雙目緊閉。見此，慈禧惱怒地質問妹妹：「你為甚麼閉着眼看戲？」哪想，這位胞妹竟然當場頂撞起了慈禧太后：「你難道不知？『國喪』期間，穿孝不能看戲嗎？」當即，平時說一不二的慈禧太后被性格倔強的妹妹氣得大哭不止。此事在溥儀的《我的前半生》裡有記載，可沒詳細寫入書內的卻是後邊的突發事件。

光緒二十二年（1896年），當葉赫那拉·婉貞病逝之後，慈禧太后得去醇親王府「弔喪」。按照老規矩，溥儀的嫡祖母劉佳氏必須帶着王府內的上上下下眾人在院裡跪接。可左等不來右等不來。溥儀一家人始料不及

的是，五月初八，慈禧太后故意挑了一個壞天氣闖來大鬧醇親
王府。慈禧剛邁進「九思堂」就大發脾氣，拒不發話讓大夥兒
起身，醇親王府一家人只得繼續跪在滂沱大雨中，整整幾個小
時沒敢動窩兒。

刁鑽的慈禧太后，把妹妹屋裡最值錢的珠寶首飾，統統拿
出來扔棄地下，又跺着腳踩了一遍。其實，這既是發泄心中的
怒氣，也是在檢查珠寶首飾的真偽。據説，慈禧太后大怒：「真
的踩不碎，就放進棺材裡陪葬。如果是假的，必須立馬扔掉！」

連溥儀後來也知道，祖母劉佳氏經過這一場雨中長跪之
後，從此身患風濕性關節炎，種下腰腿疼的病根兒，始終沒能
痊癒。更沒想到的是，劉佳氏由於多次受到慈禧太后威嚇和刺
激，患上了嚴重的精神錯亂，來回發作，也始終未能痊癒。這
也是溥儀始終惦念的。

後來慈禧太后頒下懿旨，要求溥儀進宮，究竟溥儀是從醇
親王府哪裡被抱走的？外人不知，其實就是從那隻康熙粉彩大
果盤裡被抱走的。溥儀臨走時，大哭不止，死活不肯離開康熙
大果盤。直到溥儀進宮許久，這隻康熙粉彩大果盤依然放在祖
母臥室不讓人擅動。據説，僕人擦拭果盤的時候，老祖母都不
讓動。她時常反覆叨唸起，當年溥儀在大果盤裡玩耍的趣事。
許多時候自言自語想念溥儀，府內的人們都議論説，老太太中
了病嘍。

溥儀從康熙粉彩大果盤裡被抱進宮這件小事，對他一生都
有重大影響。乃至溥儀到了東北，當上偽滿傀儡皇帝，定年號
「康德」，也與此有關。康，就是康熙——其意就是秉承康熙開
疆拓土之志；德，就是光緒——「德宗」，他要承繼光緒的隱忍

之德，隱含着比喻光緒在慈禧眼皮下受氣，他在日本人底下忍氣吞聲的意思。

據説，老祖母對溥儀格外心重，眼瞧心愛的孫子被慈禧太后下旨抱走，哭得背過了氣。這對於年老體弱的老人來説，不啻莫大刺激。從此，老祖母的健康每況愈下，天長日久精神病愈發嚴重。

那麼，劉佳氏是滿族人嗎？的確不是。不僅如此，連溥儀在內的前五代皇帝都有漢族血統。此事依據何在？

溥儀果真有漢族血統嗎？

堂堂大清宣統皇帝，居然有漢族血統？事實上，溥儀確有漢族血統。之前講到過，溥儀全名愛新覺羅‧溥儀。「愛新」是族名，滿語金的意思。「覺羅」是姓氏。「愛新覺羅」連起來的意思是，像金子一樣高貴的家族。

一般人知道，溥儀字曜之，號浩然。英文名字叫亨利（Henry）。但幾乎所有人都把溥儀的字，錯寫為——耀之。正確寫法應當是「曜之」。筆者收藏並保存了溥儀寫給友人的一封親筆信，上面的親筆簽名為「溥曜之」，説明溥儀的字「曜之」是日字旁，有其特定的含義。

「日出有曜」這句話，最早見於《詩經》，出自《檜風‧羔裘》。曜，是一片光明的意思。《康熙字典》解釋這個字，是「光明照耀也」，正如武則天起名「武曌」，是日月臨空之意，溥儀的這個「字」顯然把他比喻為太陽。

大家知道，滿族素有指名為姓一説。那溥儀的名字是怎麼

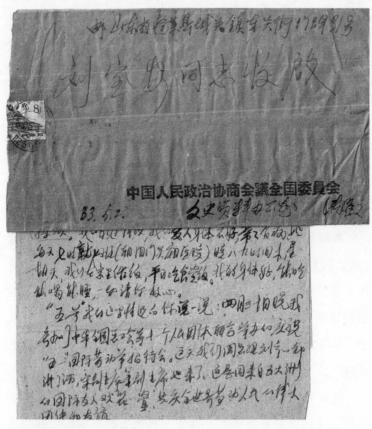

溥儀署名「溥曜之」的親筆簽名信封落款

起的呢？這不免要追溯到乾隆皇帝了。早在乾隆在位的時候，他依據一首自作詩，便確定了後代名字的排序，四個字——「永、綿、奕、載」，這就一直排到了溥儀的父親載灃一輩——「載」字輩。到了道光皇帝時，又確定了四個字作為後代名字的排序——「溥、毓、恆、啟」，這無疑便確定了溥儀這一輩名字的排序。到咸豐時，又補增至「燾、闓、增、祺」。

溥儀在偽滿當上了康德皇帝，1938年委託皇叔載濤續修愛新覺羅氏宗譜的同時，又親自添加十二字，作為後輩名字的排序，那就是「敬志開瑞，錫英源盛，正兆懋祥」。

從此，這成了愛新覺羅家族直系後代起名字的排序。直到偽滿時，溥儀當上日本的傀儡皇帝後，仍然不忘讓皇叔載濤尋找原版家譜，考證道光皇帝的妃子烏雅氏的淵源。因為這事關溥儀的血統。

而溥儀的漢族血統，要追溯到嘉慶皇帝的生母身上。據《清史稿》記載：「孝儀純皇后，魏佳氏，內管領清泰女。魏氏，本漢軍，抬入滿洲旗，改魏佳氏。」此處《清史稿》，確切記載着乾隆皇帝的妃嬪——後被追封為皇后，確係漢族女子。就是說，她父親原是漢軍，後被抬入滿洲鑲黃旗，她遂改姓魏佳氏。可見，嘉慶皇帝也確有漢族血統。

道光皇帝是嘉慶皇帝的第二個兒子，道光皇帝的妃子烏雅氏生下了溥儀的爺爺醇親王奕譞，後來奕譞娶劉佳氏為側福晉，生下醇親王載灃，載灃的長子便是溥儀。劉佳氏顯然是漢族，因為溥儀的弟弟溥傑先生親口對筆者說過，幾乎所有帶「佳」字的女子，都是加入旗籍的意思。

換另一角度來說，咸豐皇帝乃道光皇帝第四子，那麼同治

皇帝是咸豐皇帝長子，光緒皇帝即咸豐皇帝之後嗣。那麼歷數到末代皇帝溥儀，顯然他便是道光皇帝的曾孫。無論從哪個角度來說，清朝後六代皇帝無一例外都有漢族血統，這或許帶來了此事的歷史啟示：觀歷史更迭，中華民族融多民族而進化。說到底，民族的融合乃社會進步的重要標誌和必然。末代皇帝溥儀便是其中一個奇特而奇妙的例證。

殊出世人意料。溥儀之所以當上皇帝，竟源出於慈禧太后的三招棋。

慈禧的第四招棋，即終局之棋，乃臨終之際讓溥儀成為「宣統皇帝」。載灃和溥儀父子兩代，同時成了慈禧指定的「接班人」。

溥儀登基的年號是「宣統」。為何採用這兩個字？其間有着特殊的含義。

溥儀三哭登基——溥儀為甚麼見到慈禧大哭不止，光緒死前到底見沒見過溥儀？溥儀登基第二哭真相是甚麼？慈禧出殯那天，溥儀為何直哭？溥儀的《我的前半生》未定稿，為何寫錯自己登基之日？

小皇帝登基內幕

　　說起溥儀，不能不提到慈禧太后。因為溥儀是被慈禧立為皇帝的。換句話說，沒有慈禧，溥儀不可能成為「宣統皇帝」。

　　究其根本，溥儀只不過是慈禧太后即將收官的棋局中，所佈的最後一顆棋子——也就是第四顆棋子。

慈禧面臨的複雜政局

　　晚清末年，朝廷內外從上到下腐敗透頂。國內外的複雜局勢，可以用八個字形容：「內憂外患、風雨飄搖。」

　　作為實際執政的人，慈禧太后面臨着國內外諸多巨大壓力。

　　首先是來自國外列強的威脅。比如當時慈禧太后想立端王載漪之子溥儁為「大阿哥」，為此，她出面宴請外國公使，沒想到老外集體罷宴，最終只能以失敗告終。外國人對中國朝政的干涉程度，由此可見一斑。

　　其次，宮廷內外矛盾重重。以光緒皇帝為首的維新派，對慈禧太后形成致命威脅。慈禧一直想廢掉光緒，只是外國人不答應，她便沒敢輕舉妄動。更讓慈禧害怕的是，國內民眾普遍要求「立憲」，全國漸成燎原之勢。

慈禧

即孝欽顯皇后（1835 年—1908 年），葉赫那拉氏，咸豐帝的妃嬪，同治帝的生母。1875 年同治帝崩逝後，擇其侄子愛新覺羅‧載湉繼承大統，年號光緒，兩宮再度垂簾聽政。1889 年歸政於光緒。1898 年，慈禧發動戊戌政變，囚光緒帝，再度訓政。1908 年，光緒帝駕崩，慈禧立三歲的溥儀為宣統皇帝。

三是袁世凱為首的軍界實權派勾結軍機大臣慶親王奕劻（乾隆帝十七子後人），形成了特殊的利益集團，企圖暗中控制晚清政權。慶親王奕劻作為領銜軍機大臣，其子載振出任商部尚書。國家的軍事和經濟運轉，相當一部分掌握在奕劻父子手裡。

京城內外，幾乎每天都在風傳着似是而非的各種「大內」消息。實際朝廷內外錯綜複雜的矛盾，集中在一個焦點上：皇位繼承。

面對複雜的晚清時局，慈禧太后先後佈下了四招棋，直到臨死之際，仍牢牢把握着大清政權，緊緊把控住了晚清三代皇帝，即同治、光緒、宣統皇帝以及一代攝政王。那麼慈禧精心佈下哪四招棋？

慈禧的終局之棋

先從第一顆「棋子」説起。

慈禧太后首先把第一招棋佈在了自己妹妹身上，將她的胞妹葉赫那拉．婉貞嫁給了咸豐皇帝的七弟老醇親王奕譞。

此後，慈禧太后不僅晉封奕譞為親王，還授予他一系列掌管大內和軍隊的實職，譬如整黃旗漢軍都統、御前大臣，掌管神機營等等。最重要的是神機營，這是一支掌握新式武器的「現代化衛戍部隊」。一句話，慈禧太后把這支武器裝備最先進的軍隊，交給妹夫奕譞，以便牢牢掌控軍權，穩固大清政權。

慈禧的第二招棋：讓妹妹之子載湉進宮當皇帝、弟弟桂祥的女兒當光緒皇后。當同治皇帝賓天之後，慈禧太后即頒佈懿

奕譞與婉貞

旨，由她的妹妹葉赫那拉·婉貞和醇親王奕譞之子載湉，入繼「大統」，成了光緒皇帝。

光緒長大成人，慈禧又親自出面把胞弟桂祥的二女兒靜芬「指婚」嫁給光緒皇帝，即隆裕皇后。

實際上，隆裕比光緒大三歲，是一個無法挺直身板的「駝背」。光緒大婚之後，由於喜歡珍妃，過分冷落隆裕，她就成了長年獨守活寡的皇后。而隆裕恰恰正如死後的謚號一樣——孝定「景」皇后，名副其實地成了宮中一「景」——擺搭。

超乎常人想像，隆裕皇后在宮中活得實在可憐，由於經濟周轉不開，甚至悄悄把皇上的龍袍都送進了典當行。這個重要的經濟原因，為此後隆裕太后頒佈《清帝遜位詔書》埋下了伏筆。

慈禧太后為化解醇王府眾人的仇視心態，絞盡腦汁琢磨出「化敵為友」的第三招妙棋：即讓心腹重臣兼情人榮祿的女兒瓜爾佳氏，嫁給光緒的弟弟醇親王載灃。其目的是，力圖化解醇親王府上下對榮祿包括她自己的仇視。同時，近身監控並牽制醇親王載灃。

隆裕皇后
光緒帝的皇后（1868 年—1913年），葉赫那拉氏，名靜芬。小名杏芬（另一説叫喜子），慈禧之弟副都統葉赫那拉‧桂祥之女。1912 她親自頒佈《清帝遜位詔書》。民國二年正月十七日（1913 年 2 月 22 日），隆裕太后在長春宮病逝。

那麼慈禧的第四招棋，便是臨終之際，讓情人榮祿之女亦即乾女兒瓜爾佳氏與載灃之子溥儀，成了「宣統皇帝」，這就是終局之棋。慈禧的出發點很清楚：

一、溥儀不僅是慈禧太后妹妹之孫，且是她養女之子，關係特殊。

二、溥儀是尚未懂事的小孩兒，慈禧太后可以繼續垂簾聽政。

這樣，載灃和溥儀父子兩代，同時成了慈禧指定的「接班人」。

然而，溥儀進宮後是否就被立為皇帝了呢？答案：不是。這在《清史稿》上，有明確記載。「醇親王載灃之子溥儀，著在宮內教養，並在上書房讀書。」

溥儀三哭登基

溥儀一哭——見慈禧。

光緒三十四年十月二十日申時（下午三點至五點之間），整整兩歲零九個月的溥儀，坐着一乘小轎，從醇親王府由神武門悄然進宮。溥儀進宮後馬上就被帶去見了慈禧太后，這就有了溥儀的第一哭。

溥儀在《我的前半生》中，談起過當年的印象：他突然被帶到了一個陌生地方，看到了許多陌生人，在陰森森的床帳內，一個瘦得怕人的老太婆被攙扶着坐在床上。慈禧當時伸手想抱一下溥儀，不料，溥儀被嚇得放聲大哭。

慈禧見溥儀大哭，就讓人拿糖葫蘆哄他，沒想到，溥儀接過來，又一下子摔在了地上，邊哭邊喊：「要嬤嬤！要嬤嬤！」溥儀所要的「嬤嬤」，就是他的乳母王焦氏。嬤嬤，這個詞是滿語，漢語即是奶娘、乳母的意思。一般病重垂危的老人，最怕孩子哭，往往視為不吉利。溥儀大哭起來，又不讓慈禧抱，於是，慈禧內心極不痛快，煩惱地說：「這孩子呵，真彆扭，讓他上那邊玩去吧！」

就這樣，溥儀與慈禧唯一的一次見面，就畫上了句號。

溥儀進宮之後的第二天，即光緒三十四年十月二十一日，慈禧又頒佈懿旨，立溥儀之父攝政王載灃為監國。因為光緒病危，必須馬上立嗣。

據《清史稿》記載，溥儀是「承繼同治，兼祧光緒」，就是說溥儀同時也是光緒的過繼之子。溥儀進宮後，很快就被抱去見了光緒皇帝。

但《清史稿》和《我的前半生》中都沒有任何記載。不過老太監信修明的日記裡披露了當時的歷史細節：「幸好皇上尚明白。」溥儀遂向光緒皇帝請過跪安，起來後便見到「光緒爺張開口直樂，含笑而崩」。

對於光緒死前到底見沒見過溥儀，筆者倒是確信老太監信修明的記載。

數十年前，筆者在四季青公社採訪過信修明的後人，他們認為信修明的日記沒有私利可言，也沒必要編造。有的人找過信修明，要他刪去某些內容，信修明寧可不出版，也不違心刪改，因為他曾立誓，要留一部鐵史傳世。筆者認為，溥儀既然「兼祧光緒」，面見光緒既是程序，也在情理之中，是可信的。

值得重視的是，光緒三十四年十月二十二號，慈禧臨終前又頒佈一道重要懿旨：

「嗣後，軍國正事均由攝政王裁定，遇有重大事件必須請皇太后懿旨，由攝政王隨時面議施行。」

也正是這最後一道重要懿旨，為清朝滅亡埋下最重要的伏筆，也為袁世凱竊國打開了方便之門。就在光緒駕崩的第二天，即光緒駕崩十九個半小時後，慈禧太后突然去世。

溥儀登基，又有了他的第二哭。

登基大典是在太和殿舉行的。此前還有一個外人所不知的儀式，即按照清朝的規矩，登基前，先要把兩歲零十個月的溥儀抬到中和殿接受侍衛內大臣的朝賀，之後，溥儀便被抬到太和殿的寶座上舉行正式登基儀式，接受文武百官三跪九叩的朝賀。

沒想到，溥儀放聲大哭。溥儀的父親載灃於是單膝側身跪在金鑾寶座下面，雙手扶着溥儀，不讓他亂動。可是小孩子哪

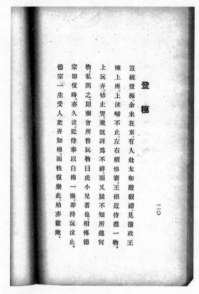

金梁《光宣小記》

兒管那套啊，邊哭邊喊：「我不挨這兒！我不挨這兒！我要回家！」

溥儀對當年登基的這回事果真有記憶嗎？1956年，香港記者潘際坰在撫順戰犯管理所採訪溥儀。提起溥儀登基時，大哭不止的事，潘際坰問溥儀：「你記得有這樣的事嗎？」

「有的，先生。那是給奏樂的聲音嚇哭了的。」溥儀認真地回答說。

這時，潘際坰順手掏出清光緒朝進士金梁所寫的《光宣小紀》拿給溥儀看。

「宣統登極，余未在京。有人赴太和殿觀禮，見攝政王擁上座。上泣啼不止，左右頗惶窘。王招近侍進一物，上玩弄，始止哭。眾既訝為不祥，而又疑不知所進何物。私問之，則廟會所售玩物，曰虎小兒者也。」

上面這段文言如譯成白話，就是在宣統登基儀式上，載灃見溥儀大哭不止，怎麼哄都不行，連忙讓隨從拿上一個玩意兒，放在溥儀手裡，他這才停止大哭。當時眾大臣都非常驚訝，紛紛猜測這是甚麼玩意兒呀？後來才知，溥儀手裡玩的不過是廟會上賣的一種哄小孩兒的玩藝兒，叫「虎小兒」。

所謂「虎小兒」，其實是紙糊的小老虎，老百姓又叫「傀儡

虎」，一聽這名字大家就明白了。後來溥儀在偽滿成為「傀儡」皇帝的事實證明，「傀儡虎」叫得簡直再確切不過了。

世人皆知，登基大典上為了哄溥儀別哭，載灃內心焦急，慌不擇語地說：「別哭別哭，快完了，快完了！」此話從宮內傳出去，人們議論得滿世界風風雨雨，全都說王爺怎能這麼說啊，「快完了……」，這可是不祥之兆啊！就連溥儀在《我的前半生》裡也是如此記述的。

果真如此嗎？筆者給大家獨家披露另一種說法：溥儀的二妹韞龢曾跟我披露，她父親載灃從來就不承認他當時曾說「快完了」，他說自己明明說的是「快好了，快好了……」，可竟被人誤傳成了「快完了」。到頭來幾乎所有人都這麼說，一直流傳到社會上，以至於從王公大臣到普通百姓，都把大清朝滅亡的原因歸結在他這句話上了。

載灃可真是氣壞了，卻百口莫辯，直到臨終也沒嚥下這口氣。

年僅兩歲零十個月的溥儀登基，採用的年號是「宣統」。為甚麼用這兩個字呢？因為，這裡面有着特殊的含義。

溥儀是道光皇帝的曾孫。道光皇帝駕崩之後，其廟號是「宣宗」二字，這在《清史稿》中有着具體記載：「宣統皇帝名溥儀，宣宗之曾孫……」

溥儀顯然是想承繼「宣宗」的正統，也可以說是順理成章繼承了清王朝綿延十二代皇朝的「大統」。

反過來再看光緒皇帝。光緒乃是道光皇帝之嫡孫，他這個年號顯然是「纘道光之緒」之意。這個「纘」字，是繼承，或者繼續的意思。

末代太監孫耀庭與本書作者賈英華
孫耀庭（1902 年—1996 年），小名
留金。天津市靜海縣西雙塘村人。
中國最後一個太監。筆者曾按照其
遺囑，在他逝世後為其出資立碑並
題寫碑文。

至於「光緒，纘道光之緒」的釋義，最初見於何剛德著《春
明夢錄·客座偶談》，原文是：「改元，曰光緒。意謂：纘道光
之緒也。」

歷史學者來新夏在其所著《清末三帝的年號》中，進一步
闡釋說：「宣統意即『宣宗』之統與『光緒』之為『道光』之緒，
同一意耳……宣宗是道光帝的廟號。道光是宣宗的年號。宣宗
和道光是一個人的兩種不同稱號，意即光緒和溥儀都是宣宗的
直系後裔，是一脈相承。」

若再進一步對照或分析一下，宣統與光緒這兩位皇帝的年
號，無疑可以發現驚人的一致。那就是二人的年號，皆在強調
是在承繼先人，即道光皇帝之大業。

然而，《三字經》上早就有了結論──「道光後，日國衰。」

意思是道光皇帝即位之後，大清政權一天不如一天，光緒成了大清政權最後一位兒皇帝的符號，宣統則成了大清政權最後一個結束的句號。

溥儀第三哭——慈禧出殯。

溥儀的第三哭，發生在慈禧出殯那天。許多王公大臣都簇擁着溥儀在慈禧靈前叩頭哭喪。但現場除了溥儀是真哭，大多數人都在假哭，而且還是例行假哭。因為祭奠時有個儀式，叫「舉哀」。這是宮內秘不外宣的老規矩，要由太監首領拖着長腔大喊一聲：「舉哀……」，然後再拍三下巴掌，宮內頓時哭聲震天。幼小的溥儀面對這種陣勢，不被嚇哭那才怪呢！

末代太監孫耀庭曾對筆者詳細講述過：「當時宮內的規矩和如今不一樣，現在表示歡迎，大家才鼓掌。而當時皇上和皇后去世才拍巴掌，叫舉哀。」

以上至少可以看出一個突出問題：封建制度除皇權世襲的特徵以外，血緣或姻親成了政權交接關鍵時刻的取信標誌。

溥儀被慈禧太后立為宣統皇帝那一天，有哪兩件事必須馬上去辦？

為何直到一九六四年，整個皇族才恍然大悟，原來過去為溥儀過的生日都是假生日？

進宮後的幼帝溥儀，面臨眾多煩瑣複雜的宮中規矩。其中一個尤顯神秘而奇怪，每天都要跪拜一個神秘的木頭杆子，這又是為何？

人所罕知的宮中規矩

幼小的溥儀，在「三哭」中，承繼清朝大統，當上了宣統皇帝。那麼，小皇上溥儀又面臨哪些種種鮮為人知的宮廷規矩呢？

避聖諱

當溥儀被慈禧太后立為「宣統皇帝」之後，有兩件事必須馬上就辦。一是，頒佈上諭，對於溥儀的名字，開始施行「避聖諱」。二是，立即替溥儀尋找到一位「替僧」。

「避聖諱」，這是自古以來對於皇帝的一種獨有的特殊待遇，大約起於商周，廢除於民國期間。因為民國政府頒佈了《清室優待條件》，附在《清帝遜位詔書》後面。其中至少有兩項規定，與避聖諱密切相關。

一項規定，溥儀「暫居宮禁」。即溥儀可暫時留在故宮內，適時遷往頤和園。當然後來沒能實現。另一項則規定，溥儀在宮內仍舊保留「帝號」，即在故宮小朝廷內，溥儀仍然享有在有限範圍內行使的皇帝權力，直到 1924 年溥儀被迫出宮，「避聖諱」才徹底廢除。由此，延續中國幾千年的這項規定也畫上

了一個小小的「句號」。

溯源「避聖諱」，起初並不僅指皇上，而是特指三種人：聖者、賢者、尊者，即對皇上和賢達名人乃至長輩，既不能書寫，也不能直呼其名，必須一律迴避。甚至給孩子起名字，也不能重合。這在古代，非同小可，「避聖諱」往往被明令寫入律條。如唐朝法律就規定，如果直呼皇帝名字便犯了「大不敬」罪，情節嚴重者要掉腦袋且不能受到赦免。

據考證，「避聖諱」自古以來，主要有這樣三種方式：

一是，改名字。新皇上繼位，凡是跟皇帝名字相重合的，必須趕緊改名字。若不改便犯下了殺頭之罪。甚至連傳說中的人物也不能倖免。譬如大家熟知的嫦娥，便是避諱的產物。漢文帝劉恆將「姮娥」改成嫦娥。

上行下效。據史籍記載，曾有一個叫田登的州官，便施行過可笑的「避諱」。他公然張貼告示，不許百姓任意書寫「登」字，乃至同音字也不行。如有人違犯，輕則一頓鞭刑，重則關進監獄。當地老百姓只好把「燈」字改為「火」字。不出所料，鬧出了一個天大笑話，元宵節燃放花燈，哪知告示公開貼了出來了，大夥一看頓時傻了：本州照例放「火」三天。百姓哭笑不得，無奈，戲稱其「只許州官放火，不許百姓點燈」。

二是，缺筆。遇到皇上的名字末一字時，須少寫一筆，叫避諱，又稱「敬缺末筆」。康熙之前，對於皇帝的避諱，採用另外一種方式，在皇帝的名字上面，貼上一張黃紙條或黃綾子條，這種避諱方法叫作「貼黃」。

康熙簡化了避諱方式。像康熙名「玄燁」，書寫名字最後一個字時，缺少一筆即可。凡跟「玄」字有關的，像「頭暈目

眩」的「眩」字，書寫時也須缺少最末一筆。在清朝儘管簡化，但規定仍非常嚴格。

三是，遇到要避諱的字，空上一格。譬如唐朝時，為避諱唐太宗李世民的「世」字，須空上一格，「觀世音」就被改成了「觀　音」。這種避諱方式，幾乎影響了整個東南亞地區，至今依然如此。

那麼，到了溥儀登基，其名字「避諱」又有甚麼規定呢？在慈禧去世前當天，即光緒三十四年十月二十二日，朝廷專門頒佈懿旨，對於立為皇帝的溥儀，如何書寫「御名」，做出了詳細規定：「御名下一字避寫。嗣後凡遇聯寫成語，仍應照舊書寫。如遇書寫單字時，於御名下一字，避寫『儀』。」（引自第一歷史檔案館《寧壽宮檔》）

且早在三十年前，作者曾到中國第一檔案館，查閱過《寧壽宮檔》原始卷宗，親筆抄錄了慈禧在光緒三十四年十月二十二日頒佈的溥儀的名字如何「避聖諱」的懿旨：「御名上一字，仍舊書寫，毋庸改避。下一字敬缺一撇，書作『儀』。」

由此不難看出，在清朝宮內，直到溥儀登基，「避聖諱」的規定仍極為嚴格。

溥儀的「替僧」

再說這第二件事，即溥儀在宮中必須設立一名「替僧」，這是國家機密。關於替僧的生日，外人不能知道，連皇家近親也未必知曉。

提到替僧，此事絲毫馬虎不得。在清朝，非常重視這個事

情。在哪個環節上出了問題，責任人都會掉腦袋。

考證「替僧」之說，恐怕要溯源到南北朝的梁武帝。而自清朝開國皇帝開始，無一不信奉喇嘛黃教，且尊喇嘛黃教為正宗國教。按照清朝不成文的習慣，作為皇帝，必須有一個「替僧」代其出家。

據末代太監孫耀庭對筆者回憶，「替僧」不見得與皇上同年出生，但要同月、同日生，生辰八字還不能相克，其品貌亦要求端正。

溥儀的「替僧」名叫孫虎，原來也是宮內太監，當喇嘛是後來學的。由於孫虎是代溥儀出家的替身，宮裡的底下人，一般人都不敢得罪甚至怕他。他衣著打扮以及飲食也比一般人好得多，在宮中亦頗有勢力。

對此，孫耀庭曾經追憶說：溥儀比我小四歲，算來孫虎比溥儀大很多。在溥儀剛登基時，孫虎剛當上替僧，只不過二十歲左右。孫虎平時就在宮內居住，人很瘦，個子不高，老提着一個鳥籠子在宮裡溜達，人們背後都叫他孫喇嘛。夏天，他頭上常戴着像草帽的涼帽，上面還繫着一個紅纓子；冬天總愛戴一頂棉帽，宮內叫作秋帽。

民國年間，孫耀庭去故宮神武門西邊辦事，恰巧與替僧相遇。孫虎穿著一身紫色喇嘛大褂，裡面穿著一件大棉袍，看上去不到四十歲的樣子。每逢宮中「忌日」，孫虎便親率雍和宮等處的喇嘛，到宮內「中正殿」去唸經、做法事，頗有氣派。

孫虎本是皇上的替僧，可總以為自己是皇上，對於宮內的老朋友，變得凡人不理了，連太監養老義會（太監養老的連鎖寺廟）也不加入。這位孫虎在宮內人緣極差。當馮玉祥「逼宮」

時，孫虎也被轟出紫禁城，凍餓而死。溥儀特赦之後，一直打聽這位「替僧」的下落，最終也沒打聽到。事實上，溥儀的「替僧」連自身也難保，當然不可能替代同月、同日出生的溥儀的厄運。

溥儀的真假生日

溥儀進宮三個月後，第一次在宮內過生日。其實，直到溥儀的《我的前半生》正式出版之前，溥儀的真實生日，極少有人知道。人們為他過的生日，都是「假生日」——每年正月十三。

光緒三十二年正月十四（公曆 1906 年 2 月 7 日），溥儀出生於醇親王府思謙堂東裡間。但這一天恰與道光皇帝去世同日（道光三十年正月十四）。為避道光皇帝「駕崩」之諱，宮內按照老規矩把溥儀的生日改為正月十三。為甚麼提前而不錯後呢？因為第二天就是正月十五——中國傳統的元宵佳節，不宜重疊。此事連天天伺候他的侍從也不知道。

筆者八十年代曾採訪過溥儀的侍從趙蔭茂。他從十三歲就從景山小學被挑選進宮，一直追隨溥儀。當溥儀在偽滿垮台前，交給趙蔭茂三萬元，又把精神失常的皇后婉容託付給他，直到婉容病逝於東北以後，他才返回北京。此後，趙蔭茂在北京西板橋三炷香胡同，蓋了一幢小樓，專設一龕供奉溥儀聖像，每到正月十三這天，全家人揭開黃綾，為溥儀磕頭做壽。

另外，溥儀的真正生日，包括生辰八字，對外都是嚴格保密的。據皇叔載濤的妻子王乃文回憶，溥儀對外公佈假生日的

載濤遺孀王乃文與本書作者賈英華
載濤（1887 年－1970 年），愛新覺羅氏，醇親王奕 第七子，光緒同父異母弟，
溥儀叔父。清末重要政治人物，歷經晚清、民國至新中國成立，一生大起大落，
堪稱晚清末年到新中國時代變遷的特殊歷史見證人。

另一原因，恐怕是防止有仇人暗中作蠱，即電視劇中描述的那樣，在一個布人身上寫上生日和生辰八字，在上面扎針唸咒。如本人不知，則根本一點兒用沒有。可是如果知道，再加上心理暗示作用，便容易受到暗算。

溥儀跪拜的神秘木頭杆子

溥儀進宮之後，最重要的是祭祀。祭祀無外乎兩大地點：一個是宮外，一個是宮內。

宮外算起來，主要是天壇、地壇、日壇、月壇、社稷壇，還包括先農壇。當然溥儀作為皇上來說，按照祖制，他要祈求

上天能賜其國泰民安，祈求五穀豐登、風調雨順。更重要的是，他還要每年一次不落，去先農壇親耕。因為滿族是遊牧民族，入主中原之後需要了解以農為主的農民一年四時的耕作。

然而，溥儀僅是個幼年的小孩兒，無法親耕，只能找人代耕這一畝三分地。但是有一點，溥儀必須親自到場。

老北京人都知道，一畝三分地，是特指皇上在先農壇親耕的那塊田。至於此事由來，歷來說法不一。據說，其中一種說法源於溥儀的先祖皇帝微服私訪。一次，皇帝走進一戶農家，這時，一個小孩兒見到他，哪知他是皇上，仰起臉開口便問他：你家有多少地？皇帝笑了笑，隨口回答說：一畝三分地。實際上，這是皇上在先農壇示範耕田的一畝三分地。久而久之，這就成了皇城腳下的老北京人的一句俗語。在溥儀的日常用語中，也短不了冒出這句老北京話來。

據說，北京天橋的地名跟皇帝也頗有關係。雍正年間，皇帝親赴天壇祭天，途經天橋。為使道路好走點兒，當地便趕修了一座石橋。這樣，雍正皇帝從石橋上走過之後，此處便被人稱作天子途經之橋。據考，乾隆年間，北京全圖便已赫然出現了「天橋」這個響亮的地名。

辛亥革命前一年，溥儀也曾經乘轎赴天壇祭天，同樣途經這座天子之橋。過後，恰遇民國年間馬路拓寬，隨之，這座石橋被拆掉。由此，溥儀遂成了最後一位經過天子之橋的幼小「天子」。

宮內，主要是在坤寧宮祭祖。但除此之外，溥儀還會跪拜一根木頭杆子。一般遊人來到故宮參觀，都會看到三大殿前東側有一個中間帶窟窿的石墩子。遊人看到後，大多感到莫名其

妙，因為誰也不知道這個石墩子是怎麼回事。幾十年前，筆者陪同末代太監孫耀庭重遊故宮時，他在現場告訴我：「可千萬甭小看這石墩子，在清朝時，石墩中間的窟窿裡常年插着一根木杆子，上面頂上有一個敞口木盒，每天都要在裡面盛滿肉來餵烏鴉。」

這被稱之「祖宗杆子」，滿語俗稱巴蠟杆子。別説這石墩和杆子不能隨便碰，就連杆子投下的日影也不能踩上，得繞着走。對此，溥儀的七叔載濤在晚年撰寫的遺稿裡，曾做過這樣記載：「祖宗杆子通常豎立在宮內或府內神殿的東南方，高約兩丈餘，杆頂是一個方形錫斗（木質包錫）。照宮廷的規矩，

祖宗杆子

每天都要餵烏鴉。」新登基的皇上，也必須在「祖宗杆子」前上祭。而且擺上十幾道菜餚作為供品，禮儀極為隆重。

如此神聖的祖宗杆子，祭祀時怎麼會用來餵烏鴉呢？據説當年清朝的先祖努爾哈赤打仗負傷，被敵兵追趕，躲進一個草垛裡。當敵兵追到草垛前，發現上面落着兩隻烏鴉，以為裡面不可能藏人，就追到別處去了，努爾哈赤因此得救。皇族從此把烏鴉視為聖鳥，祭祖時，遂把餵烏鴉作為一道重要儀式。

幼小的溥儀，跪在宮內懵懵懂懂地祭奠先祖時，可能還不明白其中的含義。繼而，漢族帝師向他灌輸的「四書五經」，卻使他自小萌發了逆反的心理。

宮內有着甚麼樣神秘的幼帝教育，溥儀的啟蒙老師到底是誰？不少人以為溥儀的開蒙老師乃著名晚清大儒如帝師陳寶琛等，其實錯了。溥儀最初的讀書地點並不在紫禁城內，那麼究竟在哪兒？而且誰能想像到，讀書居然鬧出人命來。

洋帝師莊士敦進宮，幾位老太妃嚼起舌頭，愣説洋鬼子進宮沒好事，要吃中國小孩心肝，還沒準兒拿中國小孩眼睛入藥。果有其事嗎？

讀書鬧出人命

　　清朝對於皇子的教育十分嚴格而系統，即使到了溥儀所處的末代王朝，也依然如故。按照康熙皇帝定下的祖制，皇子須在六歲開蒙讀書，溥儀亦遵照祖制，六歲開始接受系統的宮廷教育，一年之中除少數幾天可以放假之外，其他時間都要在帝師督導下讀書。

　　溥儀幼年的讀書，烙印進他前半生的是哪兩個字，為甚麼溥儀的父親載灃屢次查崗，又叫來幾位小夥伴兒陪讀。他在毓慶宮溥儀養成一個甚麼習慣至死未改。那麼溥儀與帝師之間還有哪些不為人知的佚聞趣事？

溥儀的啟蒙老師到底是誰？

　　說到溥儀讀書，在這裡先糾正兩個流傳已久的歷史訛誤：

　　一是溥儀的啟蒙老師。不少人可能認為，溥儀的啟蒙老師是陳寶琛和朱益藩等那幾位著名帝師。其實恰恰錯了。

　　經欽天監擇吉日（欽天監，即負責測算皇帝出行、黃道吉日、包括夜觀天象這些「諸事不宜」等的部門），溥儀在宣統三年（1911 年）陰曆七月十八日那天辰時——早晨七點至九點

陳寶琛

（1848 年—1935 年），字伯潛，號弢庵。福建閩縣人。歷任正紅旗漢軍副都統、內閣弼德院顧問大臣。辛亥革命前後歷任溥儀帝師，1935 年逝於北京，被賜「文忠」謚號及「太師」。

張謙和

鐘，開始讀書。但溥儀的第一位啟蒙老師，並不是甚麼帝師，而是貼身老太監張謙和。這是由隆裕太后親自選定的。其實，連溥儀後來的幾位帝師，也是由隆裕太后親自擇定的，顯然這位老太太將此視為一種特殊權力。張謙和，名如其人，他為人謙和，年過半百，高個兒駝背，是一位伺候過慈禧和珍妃的三朝老太監。他在隆裕太后指令下，起初教溥儀認方塊字，一直唸完《三字經》和《百家姓》。

二是溥儀讀書的地點。最初他讀書的地點並不在人們熟知的毓慶宮，而在中南海瀛台的「補桐書屋」。那是光緒皇帝早年讀書的地方。到後來，讀書的地點才改在紫禁城內齋宮旁邊的毓慶宮。這裡既是嘉慶皇帝和光緒皇帝最初居住的寢宮，也是同治皇帝和溥儀的大伯光緒皇帝幼年唸書的地方。算上溥儀，這是同、光、宣——晚清三代皇帝的讀書之地。

依據清宮留下來的檔案來看，溥儀在宮內讀的書，無非是「十三

朱益藩
（1861 年—1937 年），字艾卿，
號定園，江西萍鄉人，著名書法
家。光緒庚寅年翰林，官至湖南
正主考、陝西學政，上書房師
傅，考試留學生閱卷大臣。曾任
北京大學第三任校長。

經」那些傳統的國學，後來又加上了學習滿文、英文。

　　而溥儀在宮中讀的第一本書，是《孝經》。實際，這也是隆裕處心積慮想出來的一本書。因為當初，慈禧太后讓光緒皇帝「開蒙」讀的也是這本書，這也正符合慈禧太后倡導的「以孝治天下」的理念。甚麼叫孝？順則為孝，實際慈禧太后的想法，無疑是想讓光緒聽憑她這種家長制的專斷，事事聽從她的話而已。

　　遺憾的是，溥儀在宮內只接觸過很少的現代科學，這使溥儀在一生當中留下了許多遺憾，也鬧出了不少的笑話。譬如二十世紀五十年代，他在撫順戰犯管理所接受改造時，一位所長就多次問起溥儀：「981（溥儀在撫順戰犯管理所改造時的

編號。據國舅潤麒等人回憶，這個特殊編號意為九九極數，隱含着「皇帝」的意思），你能說一些再具體的情況嗎？」因為所長在詢問他一些具體的數字時，溥儀基本上答的都是「大概其」「差不多」。聽到這兒，所長問，你能夠說出幾個具體數字嗎？溥儀反倒樂了，非常誠懇地笑着說：「報告所長，我從小沒學過算術。」溥儀這句話，居然把撫順戰犯管理所所長也給逗樂了。

先後給溥儀當過帝師的，共有陳寶琛，朱益藩、梁鼎芬、伊克坦、徐坊、陸潤庠等人。這幾位帝師有一個特點，就是除伊克坦是滿族人以外，其他大都是南方人。在帝師中，溥儀起初最信奉的是陳寶琛，他主張復辟「大清」，堪稱「皇帝」的智囊，在大事上，溥儀對他是「咸待一言之」，就聽他一錘定音。陳寶琛是福建人，身邊跟隨的也總是「福建幫」一群人，乃至後來出任偽滿洲國總理大臣的鄭孝胥，也是他舉薦的。

帝師朱益藩也是溥儀最信任的人之一。他負責教授溥儀漢文，是一位厚道的老夫子。據朱益藩之子朱鑾鋆告訴筆者，他父親由於頗通醫術，經常深夜接到溥儀的電話之後，打着燈籠徒步走進東華門，去給「皇上」看病。溥儀喜歡親筆亂開藥方，太醫院從來不敢讓他吃。朱益藩主張復辟大清，卻拼命反對溥儀投靠日本人，倒是一位有民族氣節的帝師。

伊克坦雖是滿族雙榜進士，但滿文教得卻不怎麼樣。溥傑回憶說：我和我的哥哥溥儀，曾學習過幾年滿文，但統共沒學會幾個單詞，印象最深的一個滿語單詞——「伊利」，即起立的意思。每當老師走進來，全體學生便立即起立。溥傑還回憶說，溥儀和我還記住了一個滿語單詞——薩其馬，這是一種用

糖黏的滿族糕點。據啟功先生考證，清朝乾隆年間傅桓編輯的《御製增訂清文鑒》中，便收有薩其馬一詞，釋為「狗奶子糖蘸」。「狗奶子」即枸杞，形似狗奶子，最初用它做薩其馬的果料，後來漸漸被葡萄乾、山楂糕等替代。可見，伊克坦雖然學識淵博，但教學生卻絕非好老師。

其間，伊克坦還教給這哥倆一個詞——「哈喇」，說是食物變了味，有了哈喇味，就不能吃啦。這最初是一句滿語，後來漸漸成了一句老北京話。

伊克坦脾氣暴躁，以至於精神變得不太正常，時常以陳寶琛為「假想敵」，在毓慶宮前院的休息室裡，兩人經常為一些雞毛蒜皮的小事兒拍桌子瞪眼，大吵大鬧。不久，忽然聽不到他的喊叫聲了，溥儀一打聽，原來伊克坦患上了瘋癲病，當即去紫禁城外看望。

溥儀到了伊克坦家裡，剛巧遇到他清醒過來，但仍說不出話來，只能勉強向溥儀點頭示意。出乎意料，溥儀走後當天晚上七點，伊克坦竟然咬斷舌根而死。究竟出於甚麼原因，至今不知。事後，溥儀特意賜其「太子少保」，還讓他一個兒子進宮當差。由於他喜愛的滿文帝師已逝，從此溥儀也就不再學習滿文了。

此後，溥儀仍需每天去毓慶宮上課。至於每天溥儀在毓慶宮讀書的作息時間，則是上午八點半左右至午間十一點。午休之後，從下午一點半開始，再教授兩個小時課程。一年裡，只有溥儀的生日和清朝歷代皇帝的忌辰之日，才不上課。這樣，溥儀在毓慶宮的枯燥讀書生涯，一直到他大婚之後才告終結。

溥儀犯壞，帝師出醜

實際上對於成天坐在毓慶宮唸書，溥儀簡直煩透了，經常藉口有病逃課。也有時找不出任何理由，就讓太監傳旨，通知帝師放假一天。他最感興趣的是，蹲在東跨院觀察螞蟻在柏樹上爬上爬下，還喜歡用饅頭渣餵螞蟻。他甚至讓太監搬來大瓷花盆，餵養螞蟻。幼年的習慣，一直到去世前始終沒改過來，臨終住院前溥儀還在院裡餵螞蟻。

有一天，溥儀正在毓慶宮唸書，眼看黑雲密佈，將要下雨，他特別想看螞蟻搬窩，在座位上動來動去。帝師陸潤庠屢次提醒都沒用，實在氣得要命，早忘了所謂君臣之禮，大喝一聲：不准再動！誰想，這居然把溥儀嚇住了，好一會兒都沒敢再動。

可絕大多數時間，溥儀總淘氣地跟帝師鬥法。一次，帝師梁鼎芬走到溥儀的桌前檢查他的功課，半天沒挪窩。此時正值酷夏，溥儀聞到渾身是汗的帝師身上冒出一股又酸又臭的味道，趕緊摀住鼻子。老師湊近身檢查他的功課，溥儀實在忍不住，起身離開了書桌。帝師追問他：「皇上，請問去哪兒呀？」溥儀摀着鼻子，說：「先生，你身上甚麼味呀，太難聞了。」梁老師佯裝不知，對溥儀說：「皇上，老朽身康體健，哪有甚麼異味？皇上還是好生唸書吧。」聽到這話，溥儀雖然生氣但也沒法說甚麼，只好狠狠瞪了帝師兩眼。

不久，他發現了，不僅梁鼎芬，每位帝師身上都有這種奇怪的味道。因為這些帝師全都是一生僅沐浴三次——出生，結婚和去世。每當夏天炎熱，帝師仍穿著長袍，幾十年不洗澡，

渾身一冒汗，全身的酸臭味全出來了。宮內既沒空調也沒電扇，兩人離那麼近，溥儀受不了這種酸臭味，只好總拿帝師開涮，以示不滿。

最明顯的有一次，溥儀拿梁鼎芬開逗，結果鬧出了大笑話。這位帝師上課前，吃了一頓葷菜又喝了涼水。正上着課，梁鼎芬鬧開了肚子，捂着肚子哭喪着臉稟告溥儀：「臣下要告外，臣下告外。」這是一句文言，「告外」就是要上廁所。

溥儀犯壞，故意裝聽不懂，壞樂着說：「告外是怎麼回事？甚麼是告外呀？ ……」

其實，溥儀是在故意拖延時間，非要這位帝師出醜不可。此時，梁鼎芬捂着肚子跺着腳，越急越解釋不清。不出所料，也不用細說，梁鼎芬當眾出醜，整個毓慶宮內臭不可聞。溥儀看着渾身冒着臭氣的帝師，又壞樂着說：「哎呀，原來這就是告外呀，先生何不早說呀？」繼續上課是不可能了，梁老師只能回家了。

這是幼小的溥儀對帝師最明顯的一次報復。現在分析起來，溥儀這時候正處於兒童逆反期，根本不服管教。

不久，進宮後的溥儀第一次見到了父親——攝政監國載灃，火急火燎地從醇親王府匆匆趕來毓慶宮……

溥儀引發的一樁人命案

誰能想像到，唸書居然能唸出人命案？可怪事偏偏就發生在了宮內。

溥儀的淘氣簡直沒邊。他知道自己是皇上，想幹甚麼就幹

徐坊
（1864 年—1916 年），字士言，號
梧生，一號萬庵。直隸州臨清（今山
東臨清）人，藏書家，曾為宣統皇帝
之師。卒後為正一品封典，晉贈太
子少保銜，諡「忠勤」，國史館為其
立傳。

甚麼，招貓逗狗，上樹爬牆。他不想唸書的時候，就把臭襪子
脫下來，隨手胡亂扔到書桌上，讓帝師給他撿過來再穿上，這
麼來回折騰老師。

　　一天，溥儀觀察起了面前的帝師徐坊，發現這位帝師的眉
毛足有幾寸長，人稱「壽眉」，淘氣地說：先生你過來，讓我
摸摸。徐坊哪兒敢不過來？只好低下頭任由他摸了摸。突然溥
儀把微閉雙眼正背書的帝師的壽眉拔了下來。徐老師大驚失
色，緊接着長歎一聲說：「哎呀，大事不好，萬歲爺拔了我的
長壽眉，我命將不永，此命休矣。」

溥儀與溥傑（左）、毓崇（右）

　　果不其然，此後徐坊突然去世，轟動整個紫禁城。宮內都在議論這件事兒。當然這也傳到了宮內幾位老太妃的耳朵裡：「小皇上照這麼鬧下去，這還了得嗎？」

　　幾位老太妃召來幾位帝師商議半天，誰也想不出好辦法。無奈只好搬來了溥儀的父親——攝政王載灃。溥儀進宮後，這才第一次正式見到父親載灃。那天，溥儀正在讀書，外邊一聲傳報：王爺到！

　　按照宮規，父親載灃見到溥儀，要稱溥儀為「皇帝」，而溥儀只能稱呼父親為「王爺」。見此，帝師趕緊悄聲告訴溥儀，

莊士敦
Reginald Fleming Johnston（1874
年—1938 年），蘇格蘭人。畢業於
愛丁堡大學、牛津大學，1898 年赴
中國，先後在香港、威海衛的英國殖
民政府任職。1919 年，莊士敦應邀
進入紫禁城擔任溥儀的英語老師。
1930 年返回英國。著有《儒家與近
代中國》《佛教中國》《紫禁城的黃昏》
等書。1938 年在愛丁堡病逝。

這是你阿瑪，要按家禮請安。溥儀當然只好照辦。載灃見狀，
趕忙説：「皇皇，帝，免免禮，皇，皇帝，免免免禮……」

溥儀一聽，原來父親是結巴。他對父親僅記住了兩個特
點：一是口吃。二是，臉上沒鬍子，腦後的翎子總在亂顫，因
為他時常不住地點頭。溥儀按照帝師的暗示，裝模作樣地開始
搖頭晃腦地唸書。載灃見此，只好告辭。

溥儀在《我的前半生》中，只提到拔掉帝師徐坊的壽眉，
卻沒提及由此帶來的後果。載灃進宮後，為防止再出事，採取
了一項對策，即專門為溥儀挑選了幾名伴讀夥伴——二弟溥傑、
溥倫之子毓崇、皇叔載濤之子溥佳，以此作為對他的懲罰。

雖然溥儀不好好唸書，可絕不能打他，得有人代為受過，

因為他是皇上。在古代就有先例，「文王有過，則撻伯禽」。像古代的周文王有了過失，只好讓伯禽代他受過，暴打一頓。溥儀後來看到外國小說才知，英國王子讀書也專設一位鞭童當伴讀，每當王子不好好唸書時，鞭童就被鞭打屁股。溥儀的鞭童是誰呢？是老實的伴讀毓崇。

最有趣的是，1919 年 3 月，宮裡請來一位洋師傅莊士敦教授溥儀英文。上課第一天，莊士敦發現，每次輪到自己上課，不僅帝師朱益藩和內務府大臣耆齡前來「護駕」，而且每隔半個小時還有一名太監前來當值，輪班守護着溥儀。這些太監全都不穿鞋，躡手躡腳地站在離溥儀不遠的地方。

後來，莊士敦才得知，當時流傳着這樣一個説法，洋鬼子愛吃小孩兒心肝或挖小孩兒的眼珠來做藥。幾位帝師不放心。於是，內務府才出了這個餿主意，讓帝師和太監輪流值班以保護溥儀的安全。

直到第二年夏天，最終確認沒發現莊士敦的不軌行為，宮內對溥儀的特殊保護措施才被取消。起初，溥儀並不知道內中隱情，直到熟悉莊士敦之後，才對洋師傅談起這事：「我壓根就不信，你能吃了我的心肝！……」説完，這兩個人哈哈大笑。

縱觀溥儀幼年的讀書生涯，他接受的帝師教育，僅兩個字：「復辟」，對於其一生都具有重大影響。外人根本看不出來，在溥儀的幼小心靈裡，埋藏着不同於常人的愛恨情仇，時不時就會發作起來。

難道溥儀自幼進宮，就住在養心殿？並非如此，那麼溥儀進宮後住在哪兒？

溥儀在宮內的一仇、一愛、一畸形的特殊經歷，形成了其暴虐無常的扭曲而複雜的性格，深陷其中而不能自拔。一仇，因為吃而跟眾太監集體結仇。一愛，戀母情結。溥儀和王焦氏結成統一戰線，但也發生了人所不知的嚴重後果。一畸形，即溥儀的畸形心態。

外人只知，溥儀十歲前養狼狗，十幾歲後始練武術。為甚麼竟有這兩種愛好呢？

幼帝的畸形愛恨

外人並不知，幼年的溥儀在宮中過着為人罕知的畸形生活。筆者把它歸納為一仇、一愛、一畸形。那麼，溥儀的畸形愛恨是如何產生的呢？

溥儀的一恨——仇恨太監

說到這裡，再先糾正一個歷史訛誤——不少影視裡，大多表現溥儀自幼進宮，就居住在養心殿。其實，這種說法是錯誤的。溥儀進宮之後，最初並不住在養心殿，而是住在東六宮之一的鍾粹宮——鍾粹宮始建於明永樂年間，一度作為皇太子宮。到後來溥儀才移居西六宮之一的長春宮，即在敬懿太妃住的太極殿後邊。當溥儀稍長大，最後才移居養心殿。

無論溥儀住在哪兒，從進宮開始，就一天也沒離開過太監。可以說，溥儀在宮中度過的童年，是一種與太監始終相伴的畸形生活。

觀其一生，溥儀具有複雜而多面的性格，自幼就是個從不循規蹈矩的淘氣孩子。他尤其喜歡下雨、下雪，上樹爬牆。每當下雨，人們都往屋裡跑，可他卻跑出殿門，讓太監堵住宮內

宮中眾太監

的下水口，跑來跑去蹚水玩兒。冬天下雪，人們都躲進了屋，可他卻喜歡在雪地裡狂跑，堆雪人打雪仗。他的奇特嗜好是逗狗、養螞蟻和蚯蚓。到後來，他最喜歡拿太監當馬騎。而這其實另有原因。

可以說，溥儀對於太監從愛恨交加到極端仇視，有一個發展過程。起初的所謂愛，是因為「離不開」太監，到最後的恨倒確乎發自內心。太監「隨皇權而嬗替，追封建而始終」（引自本書作者為末代太監孫耀庭所題寫的碑文）。自從有了皇上，為防止後宮穢亂才有了太監。溥儀自一進宮就由太監伺候，連大小便也離不開。幾乎二十四小時，他都始終與太監相伴。

起初，溥儀和太監成天鬥智鬥勇，無不圍繞着一個字——吃。溥儀曾經回憶說，甭說宮內，就是當年各王府也唯恐小孩兒撐壞而限制吃飯，一些王府的孩子幼年死去竟然是被餓死的，這成了一件令人不解的京城怪事。

溥儀進宮後，宮內也怕溥儀吃飯撐着。一度，溥儀成天被餓得兩眼冒金星，不止一次趁太監不備，溜進御膳房裡，胡亂抓起一口食物就往嘴裡塞。多次被急忙趕來的太監強按着，愣從嘴裡吐了出來。

溥儀印象最深的是，六歲那年，宮內來了進貢的栗子，他解饞地吃了一個肚圓，可由於吃得過多，四個太監拽住溥儀四肢，來回上下往地上墩，說是給皇上「消食」。之後近一個多月裡，隆裕太后只允許他喝糊米粥，儘管天天嚷餓，也沒人理睬這位小皇上。直到有一天，隆裕太后解除禁食令，溥儀才能正常吃飯。而被餓壞的溥儀居然一連氣吃下了六張春餅。太監首領知道後，怕皇上又被撐壞，連忙叫來幾個太監提起他的胳膊，在地上又是猛蹾一氣。溥儀再怎麼央告也不行，恨得直咬牙根，由此和太監記下仇。

最明顯的有這樣一件事。幼小的溥儀跟着隆裕太后在御花園散步。由於隆裕太后腳上穿著挺厚的花盆鞋，走路時必須由兩個太監一左一右攙扶着。按照宮內的規矩，溥儀必須走在隆裕太后身後，沒留神被一個叫陳德的老太監踩疼了腳。在溥儀看來，這就是成心的，不然怎那麼巧？溥儀故意哇哇大哭起來。隆裕太后回過頭來忙問，這是怎麼回事？

溥儀藉機告了一刁狀。隆裕太后立刻叫來敬事房太監，當眾責打了陳德幾十大板。陳德也是有頭有臉的大太監，私下放出話來，開始跟才幾歲的溥儀為仇作對。

還有一次，隆裕太后在中南海放生餵魚，隨手遞給身後的溥儀半個乾饅頭讓他餵魚，可誰想，他四下看了看，趁人不備突然塞進嘴裡，大嚼特嚼起來。素與溥儀為敵的貼身太監立馬

稟報給了隆裕太后，隆裕立刻大怒：皇帝怎麼能偷吃魚食啊？吩咐太監立即從皇上嘴裡摳出了沒嚥下的乾饅頭，並且命令太監嚴防皇帝貪嘴多吃。

可沒過幾天，宮外王府上貢的提盒臨時擱在西長街上，每天頂多吃上半飽的溥儀，聞到了一股香味，就以百米賽跑的速度奔過去，打開食盒蓋一看——一整盒醬肘子，溥儀一把搶過來，擱進嘴裡就大嚼起來。又是幾個太監聞訊而來，合夥按住溥儀，七手八腳把醬肘子愣從嘴裡搶了出來，可稱龍口奪食。

由於溥儀時常飢一頓飽一頓，再加上生氣，患了嚴重的胃病，直到老年也沒治好。宮中其他的一些事兒，溥儀在《我的前半生》中講過，但從沒明說他從小就在跟太監鬥智鬥勇，彼此極為仇恨。這其實是溥儀無法盡言的一個心結。

溥儀的一愛——戀母情結

皇上淘氣，宮內也自有整治他的辦法。在隆裕太后支持下，太監總管張謙和在溥儀淘氣過度的時候，就會面無表情，大聲唱誦：「萬歲爺心裡頭有火，唱一唱敗敗火吧。」「唱一唱」是宮中的行話，是哭一哭的意思。話音未落，溥儀就會被小太監強制拽進毓慶宮一間小黑屋裡「敗火」，門從外邊鎖上，任憑他怎麼哭鬧大罵、央告，都沒人理睬。直到溥儀大哭一場瀉火，哭得沒了勁，甚至有時睡着後，才被放出來。

每當溥儀被關進小黑屋「敗火」時，唯一的救兵就是乳母王焦氏。溥儀總是大哭着狂喊：「二嬤，二嬤，快來救我呀……」王焦氏當然能聽到，但情知這是隆裕太后的指令，哪

兒敢擅自開門，只有等溥儀哭累了，不再出聲，睡着了時，才敢開門抱他出來。

這樣，王焦氏簡直成了溥儀的救星。可沒有不透風的牆，幾位老太妃知道後，發出了狠話：「要是萬歲爺敗火唱唱的時候，絕對不准二嬤去抱他！」

由此，溥儀和王焦氏暗中結成了統一戰線，但也發生了嚴重的後果。

早在溥儀剛進宮時，便離不開自小相伴的乳母王焦氏，天天哭着要嬤嬤，嗓子都哭啞了，連夢裡都經常喊叫嬤嬤。若從心理學角度分析起來，溥儀自幼離開母親，他就把乳母當成了親生母親，這其實是典型的戀母情結。

當溥儀即位之後，還時常掛念着乳母。每到晚上，總是不依不饒地尋找乳母，直到被王焦氏重新抱在懷裡才停止哭鬧。

溥儀的畸形心態

溥儀是一個記仇的、報復心極強的小淘氣，時常尋機報復虐待太監。溥儀但凡走出殿門，就有一名敬事房太監在前邊，嘴裡發出一種聲音——斥，斥……這在宮內叫「打斥」，用來提醒宮內的人迴避皇上或面牆而立。

溥儀身後還往往有一隊太監手捧着各種東西，諸如捧着備換衣服的，提着旱傘的，茶房捧着各種點心，藥房則帶着各種藥物。最可笑的是，最後壓陣的是捧着大小便盆的太監——怕皇上內急。他們邁着緩慢的行步，隊伍浩浩蕩蕩。

溥儀見自己只要左右一走動，隊伍就跟着擺動，他覺得特

別好玩兒，就故意亂跑亂動，他身後大多是老太監，跟在後邊累得要死，也不敢吱聲，可天天如此，溥儀就被太監恨上了，成了太監公敵。

幼年，溥儀每天都忘不了的是逗駱駝，他喜歡事先讓一個太監站在駱駝前面，然後用一根長長的木棍捅入駱駝的鼻孔，不用說，駱駝打噴嚏的鼻涕連湯帶水都會射到太監的臉上，溥儀偏不允許他躲開，不然就是抗旨，這幾乎成了他每天的固定娛樂節目。

在他的眼裡，太監就是他的奴才，時常讓太監雙膝跪地給他當馬騎。無論是老太監還是中年太監，他都用手裡的鞭子狠狠抽打，每回一定累得太監爬不動了，才跳下來。天長日久，那些太監哪能不恨他？

溥儀喜歡動物，十歲前養狼狗，十幾歲之後開始練武術。這兩種愛好，是基於他認為自己是皇上，是天下，怎能忍受太監等人的欺負？出於護衛自己安全，他挑中了兩條經過專門訓練的德國大狼狗。一隻叫狒格，一隻叫台格，特別聽話而且十分兇猛。他經常用這兩條狼狗來嚇唬太監。

最典型的有一次，溥儀見一個太監到養心殿來送茶點，就悄悄打個手勢，喚過兩隻德國狼狗，猛然撲上去，太監被嚇得立時摔倒在地上，膝蓋被磕出了血，衣服也被狼狗咬破。太監剛站起身來，兩隻大狼狗又一左一右扒住太監的兩肩。狼狗齜着牙吐出長長的舌頭，張開血盆大口，衝着太監臉對臉，汪汪亂叫，早把太監的魂嚇沒了，連喊萬歲爺饒命啊！

溥儀哈哈大笑，然後，慢條斯理地說：「記得當年關我小黑屋的事嗎？」太監動也不敢動，生怕狼狗咬掉自己的腦袋，

溥儀、潤麒和德國狼狗

嚇得兩眼發直，説：「奴才萬歲爺（當時宮裡有個規矩，對溥儀只稱「奴才的萬歲爺」。久之，「的」字就取消了，稱「奴才萬歲爺」。）再也不敢了，那是太妃之命啊。」溥儀一看，太監端來的一盤茶點扔了滿地，於是笑着揚長而去。那個太監被嚇得面無人色，癱倒在地。

當年誰把他關進過小黑屋，溥儀都記得清清楚楚，尋機就會報復，一個不落。

溥儀十幾歲後，竟迷上了練武術。他到處訪求名師，經常

光着脊梁練功。出宮到了天津，他還尋找到霍元甲的後人當教師。他在宮內稍稍學了一點皮毛，時常拿太監練手。有一位叫周金奎，是十幾歲未經閹割的貼身隨侍，正值酷暑季節時，端着盤子去給溥儀送西瓜。誰想，他剛走近養心殿，溥儀便以極快的速度從背後竄過來，猛然給了他一掌，自稱是練「鐵砂掌」。結果，周金奎被小皇上一掌打倒在地，西瓜和盤子扔出老遠，被摔得頭破血流。溥儀覺得練武術沒白練，明顯有了長進，又是一陣哈哈大笑。可過後不久，溥儀唯恐遭到報復，就把周金奎轟出了故宮。

有時，溥儀閒來沒事就找太監的碴兒，以藉機讓敬事房拿板子打太監屁股，名曰懲戒。太監無奈，又紛紛把在慈禧時代用的「護身符」綁在了身上。宮內敬事房打人有兩種方法：一種是允許穿著內褲；另一種極少採用，是脫光了打，即「裸身而杖」。後一種意味着對太監的侮辱。早年慈禧對珍妃曾「裸身而杖」，顯然羞辱大於疼痛。「護身符」是兩塊牛皮，站班前綁在臀部和大腿根上。但如果是裸身行刑，不僅沒用，還可能露餡，反而招致更嚴酷的刑罰。

溥儀裸身毒打太監，明顯暴露了太監閹掉的下身，顯然是一種侮辱，也引起眾太監集體仇視溥儀。由此溥儀虐待太監，在宮內算是出了名，人們七嘴八舌地在背後議論說：溥儀打人挺狠。

說起「挺」這個字，是老北京話，直接來源於滿語，原意是很、極的意思。因為滿語的規範書面語，是典型的東北建州女真族的單詞發音，這樣直接轉化成了北京話的「挺」。到後來，挺狠、挺好、挺棒這些詞語，逐漸都成了典型的老北京話。

溥儀正在練武術

　　由於溥儀疑心病重，對誰都不信任，練武功無疑是為了防身，提防太監等人的報復。

　　這就是所謂隆裕太后時代溥儀在宮中的畸形生活。溥儀自幼在宮內的一仇、一愛、一畸形的特殊經歷，形成了他一生暴虐無常的扭曲而複雜的性格，使其深陷其中而不能自拔。

鮮為人知的是，溥儀直到九歲，因發狠咬傷乳母奶頭，以致流血不止，才被迫斷奶。

溥儀果真是虐待狂嗎？為何短短幾天內，溥儀便以太監發生的小過失，鞭笞十七名太監？

解密溥儀的另類「虐待」。溥儀逼迫太監吃「髒東西」、飲「龍茶」，又是怎麼回事？作者經查證收藏的《我的前半生》各種未定稿，發現了其間奧秘。以上兩件事，經多次實質性修改，而不僅是文字潤色。

溥儀遜清時代的宮廷冰窖和黃龍旗水車，有何由來？

溥儀九歲斷奶與另類「虐待」

人所罕知的是，溥儀直到九歲，才被迫斷奶。為甚麼呢？因為出現一件因溥儀吃奶而發生的流血事件。這似乎與溥儀的另類「虐待」並非毫無關係。

溥儀因何九歲斷奶

溥儀直到九歲，仍然天天趴在乳母王焦氏的懷裡，由乳母餵奶，一天不落。在宮內，這似乎是一個公開的秘密，但任何人也不敢私下議論皇上的私密生活。

一天早晨，九歲的溥儀像往常一樣，正躺在乳母懷裡吃奶。可沒想到，太監總管張謙和有急事呈報，慌裡慌張地跑進了溥儀的臥室，誰知，這便闖下了大禍。正巧，他撞上皇上被餵奶，三個人無不感到尷尬萬分。這時，張謙和更是進退不是，遮掩地隨口說了一句：「哎呀，萬歲爺都這麼大了，還，還……」

沒等張謙和說完，溥儀推開王焦氏，坐起身來就大罵開了張謙和：「你這個狗奴才，簡直是犯上！……」說完，溥儀喝令敬事房的太監，把年邁的張謙和拖倒在地，毒打了一頓。

溥儀的乳母王焦氏

到後來，他仍然被餘怒未消的溥儀趕出了紫禁城。另有一種説法，溥儀念其讀書啟蒙之功，後來又允許這位老太監返回了宮內。無論哪種説法，太監總管撞到溥儀吃奶被毒打確有其事。

溥儀感到作為皇上實在太尷尬了。自此以後，他就和乳母想了一招，專門定做了一件大布袍子，每天溥儀吃奶的時候，就蒙在頭上。冬天好辦，可夏天酷暑期間，溥儀鑽進這件悶熱的大袍子裡吃奶終歸不舒服。有一天，溥儀突然感覺心情煩躁，正當王焦氏餵他奶時，竟然一時發狠咬傷了乳母的奶頭，

以致流血不止。溥儀這才被迫停奶。

不久，宮中的幾位老太妃見乳母與溥儀形影不離，關係過於密切，故意找碴兒，假藉溥儀的乳母二孃與其他太監、女僕吵架，就把王焦氏轟出了宮外。

鑒此，數十年後，溥儀在《我的前半生》中滿懷深情地寫道：「在九歲之前，乳母是使我唯一保留了人性的人。現在看來，乳母走後，在我身邊就再沒有一個通『人性』的人。如果九歲以前我還能從乳母的教養中懂得點『人性』的話，這點『人性』在九歲以後也逐漸喪失盡了。」在這裡，溥儀所指的非「人性」的東西是甚麼？

溥儀是虐待狂嗎？

溥儀在《我的前半生》中暴露了不少蛛絲馬跡，如鞭笞宮女和太監、讓太監嚼鐵砂、「吃髒東西」等惡作劇。為此，筆者曾請教過《我的前半生》的執筆人李文達先生。據李文達回憶，溥儀講他虐待太監這些事情，主要應該是發生在溥儀十幾歲以後的時候。後來寫書時，溥儀為了避免承擔更大罪過，大多追憶的是九歲以前的一些虐待行為，至多是十來歲的事兒。如溥儀在《我的前半生》中，摘引了一段宣統九年的「起居注」：「上常笞太監，近以小過前後笞十七名。」

這只是其中一例。那就是說，據宮內的客觀記載，在短短幾天內，溥儀就以太監發生的小過失，鞭笞太監十七人，簡直虐待成了癮。像溥儀虐待太監的事兒，宮內一般人不敢管，也不敢言語，只有乳母出來管他，溥儀才稍稍聽話。

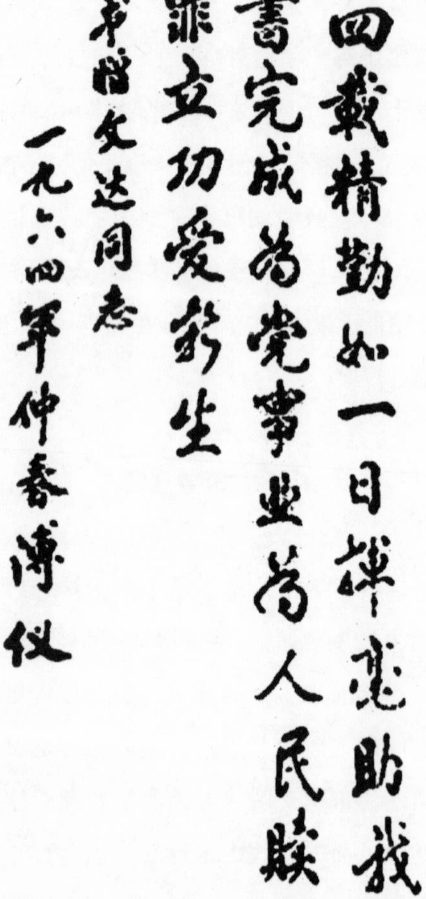

回憶精勤如一日襄我助我
書完成為黨事業為人民胺
罪立功愛莉生
我將文达同志
一九六四年仲春溥儀

《我的前半生》完成後溥儀贈書給李文達
李文達（1918年—1993年），1937年畢業於上海美專，後任
群眾出版社副總編輯，是溥儀《我的前半生》一書執筆人。

有一次，溥儀聽説太監李長安能整吃一隻螃蟹還能變戲法，就把他叫了來。一試果然如此，溥儀高興了，説：「你想讓朕賞你點兒甚麼？」

李長安聽後，説：「隨萬歲爺的意思，賞甚麼奴才都高興。」

「那好，朕就賞你一樣東西，再試試你的功夫。」溥儀隨手掏出一把他練鐵砂掌的鐵砂，説：「你既然能活吃整隻螃蟹，把這些也吃下去吧！嚼鐵豆兒，聽着聲音多好聽。」

一個機靈的小太監見勢不妙，眼看要出人命，趕緊喊來了乳母，當即她就制止了溥儀。只不過，乳母換了個説法：「這樣還不把牙崩壞啦？那老人家怎麼吃飯呢？」可皇上金口玉言，不能收回。乳母隨機應變，又出了一個主意，那就改成綠豆吧。經過來回央求，溥儀聽從乳母勸告，讓老太監李長安吃下了綠豆。這樣，老太監雖然鬧了幾天肚子，性命卻安然無虞。

有一陣兒，溥儀忽然又喜歡上了練氣槍。聽説宮內路西那排平房是太監住的地方，他跑過去拿起氣槍就往窗戶上射擊。頓時，窗戶被打成了一個個篩子眼。屋內的太監都被嚇得趴在了炕底下。這時溥儀舉槍打瘋了，誰勸都不聽。一個有經驗的老太監趕緊吩咐小太監又請來了溥儀的乳母。

王焦氏一見，又要出人命，隨即一把拽住了溥儀手中的氣槍：「這屋裡有人哪，打死人可怎麼辦呢？」溥儀聽後一樂，對乳母説：「朕這不過是嚇唬嚇唬他們。」

其實，他説的是心裡話，憋了多年的怒火終於發洩了出來。這只有乳母最了解不過。

更加惡劣的事兒，發生在不久之後。一天，溥儀忽然在路上遇到一個太監，硬逼着他：「你把地上的東西，趕快給我吃

下去。」

原來這是個骯髒的「狗屎橛子」，這顯然屬於典型的虐待太監。無奈皇上有旨，太監哪兒敢不聽，只好跪在地上，閉着眼吃了下去。其實這個太監就是當年懲罰過溥儀的太監之一。這類報復性的虐待方式，絕非偶然。

溥儀的另類虐待

宮內有一個姓張的老太監，溥儀跟他非常熟悉，張嘴就叫他「閹子」。其實這是一句侮辱人的話，可老太監不敢吭聲，自欺欺人地把溥儀跟自己打招呼視作一種恩寵，每逢見面便強賠着笑臉，問候小皇上：萬歲爺吉祥。

這位老太監有一個癖好，愛喝好茶，還比較摳門。溥儀看準這點，經常帶一群太監去他那兒起鬨喝茶，一杯為品，兩杯為飲，三杯是驢飲。老太監每當聽説這一群人要來喝他攢錢買的好茶，就有意躲避。然而，溥儀看他越心痛越去鬧。這一天，溥儀又帶着這些太監去他屋裡喝茶，見張老太監沒在，溥儀認為他有意溜走了：「好你個閹子，躲着朕啊。來人！」

隨即，溥儀吩咐身邊的幾個太監，説：「你們把閹子的茶壺給我拿過來。」當即揭開蓋就在茶壺裡尿了一泡尿。尿過之後，溥儀又壞笑着説：「朕賜閹子這奴才一壺龍茶，如敢不喝，敬事房伺候。」敬事房是專門管行刑毒打太監的衙門。這就是説，如果老太監不喝，大刑伺候。

再説老太監返回屋之後，照例拿起茶壺喝茶。剛喝了兩口，就覺得味道不對。這時，早有太監傳聖旨給他了：這是皇

上賜予的龍茶一壺，如敢不喝，敬事房大刑伺候！聽此，他趕緊一飲而盡，按照宮內的規矩，他還要到皇上那兒謝恩去。沒等他起身，又有太監傳旨來了：萬歲爺養心殿傳見。老太監不敢怠慢，連忙趕往養心殿謝恩。他剛跪下，溥儀就笑着發問：「朕賜的龍茶，味道如何？」

老太監只好違心地説：「奴才萬歲爺的龍茶，味道好極啦。」這時，溥儀揚起臉，對他説：「既然好喝，那就再賜你一壺如何啊？」

「謝萬歲爺。不敢，不敢。奴才能飲一壺龍茶乃是一輩子福氣。」

溥儀心裡這份樂呵，壞笑着説：「那你就退下吧。」

至於溥儀讓太監喝尿的事兒，宮內流傳過多種版本。這是最雅也是最文明的一種。筆者在收藏的《我的前半生》各種未定稿本，發現一個奧秘。以上這兩件事，經過多次內容的修改，而不僅是文字潤色。對此，筆者曾經與《我的前半生》執筆人李文達多次交換過看法。李文達告訴我，溥儀曾當面親口講述過他曾讓太監直接喝他的尿。李文達認為，這件事恐怕和溥儀性傾向方面聯繫更為密切。

筆者在 1960 年 1 月的《我的前半生》未定稿中，發現此處改成了溥儀把尿放

《我的前半生》未定稿

入茶壺裡讓太監喝。而在 1964 年正式出版時，又刪去了這則
內容。而追溯第一件事，就是溥儀讓太監吃髒東西的事兒。據
考證，在群眾出版社出版的 1960 年 1 月未定稿中，是寫溥儀
讓一個叫和尚的太監當面吃路上的「狗屎橛子」。而在 1962 年
6 月的未定稿中，改成了「吃最髒的東西」。最後在 1964 年 3
月正式出版的《我的前半生》中，又改寫成「吃髒東西」。

實際上，這兩件事，都無疑屬於溥儀另類「虐待」太監的概
念了。對比之下，溥儀曾回憶說，他十四五歲時，又將乳母王焦
氏接到了宮裡。因為此前，他當眾在宮內說過：「朕，寧可不要那
幾位皇額娘，也要留住乳母王焦氏！」

皇家冰窖與龍旗水車

每當提到溥儀和宮內太監喝茶時，總不免有人問起溥儀
用甚麼水來沏茶。這就要講到宮中最具特色的冰窖和黃龍旗
水車。

在宣統年間，京城有專門的拉水車和冰窖供溥儀日常生活
所用。每年酷暑季節，溥儀總喜歡吃西瓜、喝酸梅湯，仍然要
用人造冰度夏。於是留下多處冰窖口的地名，離故宮最近的即
是雪池冰窖，位於北海公園東門外的雪池胡同內。據《大清會
典》記載，清朝在京城共設四處冰窖，計十八座，儲冰二十多
萬塊。清末仍存六座皇家冰窖，如今還殘留兩座。遠遠望去，
僅從雪池冰窖屋頂上殘存的黃色琉璃瓦，便依然可以看出皇家
建築的特色。

說起宮內飲水，不免提起老北京一句話：「喲，您是西直

門一開城門先進來那頭位吧？」「豈敢豈敢，您太客氣啦。」
如果這麼應答就露怯了。其實，這根本不是好話，乃是罵人不
帶髒字的一句話。這話怎麼講呢？先進城門來的那位，是驢！
因為，晚清年間，打開西直門城門時，一眾進城的人都會被擋
在一旁，先要讓一輛插着黃龍旗的驢車進城門。這是宣統皇帝
喝的玉泉山的泉水。人們傳說，這輛水車還是乾隆年間遺留下
來的。

　　據說，當年乾隆皇帝曾吩咐宮內府的人，把京郊的泉水、
井水嚐遍後，再上秤計量水的輕重。最後以玉泉山水「既甘而
重」，評為京城第一。因此皇帝每天的用水，都要從玉泉山運
來，直到溥儀出宮以前都是如此。溥儀遜位乃至袁世凱稱帝，
插着黃龍旗的驢車，仍然每天往宮內運送着玉泉山的泉水。

　　釜水將沸，游魚不知。溥儀儘管已進宮當了皇上，可依然
是一個幼稚的兒童，只關注報復當年懲罰過他的那些太監，壓
根不了解晚清宮廷你死我活的奪權之爭，更不可能洞悉政治上
正在醞釀着的一場歷史巨變。

宣統王朝即將垮台前夕，在溥儀一個六歲小孩兒旨意下，頒佈大清帝國國歌《鞏金甌》，而六天後武昌起義爆發。墨西哥等國發生「排華」，溥儀頒旨，向拉美國家發出最後通牒，墨西哥等國遂向清政府賠禮道歉。溥儀辦的這兩件事成了清政權滅亡的奇特標誌。

為何末代皇朝——「宣統」的改朝換代，竟沒發生血流成河的悲劇？世人不知，宣統遜位前，皇叔載濤在軍艦曾與孫中山秘密會見，遂成御林軍放棄抵抗的最終「底牌」。

袁世凱是否篡改了《清帝遜位詔書》？溥儀發現袁世凱幕後鼓動遺老遺少以及報紙喉舌，紛紛鼓吹恢復帝制，誤以為「復辟」有望。溥儀到底產生了哪些嚴重錯覺？

龍椅的致命誘惑

　　幼小的溥儀，絕沒想到宣統王朝會垮台，而且不止一位野心家正等着篡奪皇位。可為甚麼把溥儀遜位與袁世凱稱帝這兩檔子似乎毫不相干之事，聯繫在一起？因為如果沒有隆裕太后頒佈《清帝遜位詔書》，袁世凱不可能稱帝。

制定國歌

　　當宣統王朝即將垮台前夕，發生了兩個標誌性的事件。一件是，溥儀下旨頒佈了國歌。一般國家元首到來時，都要升國旗、奏國歌。當時大清國的國旗倒是有了，三角形龍旗，可是沒有國歌。幾位帝師也都相繼提出了這個問題。最早的起因是，據說早在宣統繼位二三十年前，清朝駐英國大使、晚清重臣曾國藩的長子曾紀澤赴歐美考察，見到許多國家在正式外交場合都隆重演奏國歌。歸國之後，他就向朝廷呈報奏摺，鄭重地提出，堂堂天朝無論如何也應該有一首國歌，不然太丟臉面，而且遞上一首他滿懷激情而親自以民樂形式譜曲的《普天樂》，恭請皇上批准他的「國歌草案」。

　　此時的大清王朝內外交困，焦頭爛額。果然不出料，奏摺

呈遞上去，如泥牛入海，沒有得到任何回音。但逢重大外交活動奏國歌時，就暫以一首晚清重臣張之洞創作的陸軍軍歌來暫代國歌。在外交活動中，外國奏國歌，咱大清天朝奏軍歌，人家一聽，疑惑要打仗，很容易發生誤會。

宣統三年，在溥儀的旨意下，由典禮院邀請溥儀族兄、鎮國將軍、紅豆館主溥侗譜曲，嚴復作詞，共同創作了大清國的國歌——《鞏金甌》。歌詞是這樣寫的：鞏金甌，承天幬。民物欣鳧藻，喜同袍，清時幸遭。真熙皞，帝國蒼穹保，天高高，海滔滔。

宣統三年八月十三日，即公曆 1911 年 10 月 4 日，宣統皇帝溥儀親自批諭內閣：「聲音之道，與政相通……著即定為國樂，一體遵行。」由此，大清帝國國歌《鞏金甌》在京城正式頒佈。但這無疑是一種莫大的歷史諷刺，因此時距離武昌起義爆發僅剩六天。

三角黃龍旗

　　而另一件事是，大清政權垮台前，1911 年墨西哥等拉美國家相繼發生華人被殺、商鋪被搶的「排華」事件。據說，溥儀立即頒旨，由父親載灃下令清政府發電給正在海上航行的「海圻」號巡洋艦，向拉美國家全速進發，途中清政府還正式發出最後通牒，要求墨西哥等國必須向清政府賠禮道歉。如若不然，絕不輕饒。不久，這幾個國家紛紛致電清政府，表示賠禮道歉。危在旦夕的宣統政權，總算挽回了一點兒面子。

　　不料，「海圻」號歸國途中，辛亥革命爆發，翌年，大清宣統王朝轉眼之際，已變成了民國政府。「海圻」號於是將大清龍旗易幟為「五色旗」，這遂成了清政權滅亡的奇特標誌。

解密溥儀「遜位」的內幕

　　奧妙之處，總在細節。正當北洋軍奉清政府之令即將攻下武漢時，袁世凱不僅下令停止進攻，還同時通過國會向隆裕太后密呈一則虛假情報：北洋六鎮無力防守京津要地，再加上海軍全部叛變。別無他路，唯有實行共和，不然的話，包括太后也命將不永。

　　聽此，隆裕太后只好召袁世凱進宮。在養心殿東暖閣內，隆裕太后身子倚在緊靠南窗的炕上，六歲的溥儀坐在隆裕太后的右側，心神不定。雖然他不知道細情，但從緊張的氣氛中看出來，這事關他和隆裕太后的「生死」。多年後，溥儀回憶起這件事的時候，只記得一個胖老頭跪在地上，跟隆裕太后相對而泣。

　　溥儀直到多年以後，才見到有關此事的記載。袁世凱當時

袁世凱

（1859 年—1916 年），字慰亭，號
容庵，河南項城人，故人稱「袁項
城」。早年發跡於朝鮮，歸國後在
天津小站訓練新軍。辛亥革命期間
逼迫清帝溥儀退位，成為中華民國
臨時大總統。1913 年當選首任中華
民國大總統，1915 年 12 月稱帝，
改國號為中華帝國，帝號為洪憲，
史稱「洪憲帝制」。僅八十三天後，
即宣佈取消帝制。1916 年 6 月 6 日
因尿毒症去世，葬於河南安陽。

跪在地上，奏報說：依臣之見，眼下唯一的辦法，只能是擁護
共和，下詔遜位。除此，別無出路。

　　等袁世凱走後，隆裕太后一陣號啕大哭。溥儀聽得半懂不
懂，但知道發生了重大事情，見隆裕太后大哭不止，隨即也放
聲大哭起來。一時，養心殿內一片哭聲。

　　在隆裕太后主持召開的御前會議上，由於主戰派大臣良弼
被炸死，前方又發來軍隊逼迫清帝遜位，如不同意則即將嘩變
的電報，沒了主意的隆裕太后決定遜位。

　　1912 年 2 月 12 日這天，袁世凱的代表胡惟德，以外務部
大臣身份代表袁世凱，率民政大臣趙秉鈞、陸軍大臣王士珍等
人，前往養心殿最後一次朝見皇帝，接受《清帝遜位詔書》。
值得一提的是，胡惟德的兒子胡世澤不僅是民國外交官，而且
是歷史上第一位中國籍的聯合國副秘書長。

六歲的溥儀與隆裕太后

當《清帝遜位詔書》鈐蓋印璽時，溥儀和父親攝政王載灃坐在隆裕身邊，自知無力回天，只是一聲不吭。一向膽小的載灃臉色變得灰白。當時，胡惟德冠冕堂皇地代表袁世凱說了幾句話後，隆裕太后便宣佈退朝。

當然在遜位前後，也有一些不同的說法。譬如有人說，肅親王善耆是唯一拒絕在《清帝遜位詔書》上簽字的大臣。實際上反對宣統遜位的大有人在，如恭王溥偉等等。但是這些人不在關鍵的位置上，說話是沒用的。

在宣統遜位前後，最關鍵的一個問題，就是袁世凱起了甚麼樣作用。這在歷史學界一直紛爭不已。有些人認為，袁世凱始終操縱了整個宣統遜位整個過程，且對宣統遜位的詔書做了篡改。這有沒有依據？筆者收藏了一份《清帝遜位詔書》，是由理藩部當年印製的原件。原件有三部分內容：

理藩部印製的《清室優待條件》原件

第一，宣統遜位詔書。

第二，清室優待條件。

第三，袁世凱與各方往來的電報。

真正有價值的是第三部分。上面許多電報底下的落款是「慰亭」，而袁世凱正是字「慰亭」。近年《袁世凱全集》出版，如果仔細兩相對照就會發現，袁世凱確實篡改了詔書。

完全可以這樣說，袁世凱對其重大內容的關鍵提法，做了關鍵性篡改。原文是這樣寫的：「即由袁世凱以全權與民軍組

織臨時共和政府，協商統一辦法。」特別值得注意的是，袁世凱則親筆將此處的關鍵表述，改為：「即由袁世凱以全權組織臨時共和政府，與民軍協商統一辦法。」

由此可見，袁世凱修改或說篡改了宣統遜位的詔書，為他日後稱帝鋪平了道路。宣統三年十二月二十五日，鈐蓋印璽發出，由理藩院刻板印刷了印量極少的蒙、漢兩種文字的《清帝遜位詔書》和《清室優待條件》，發至皇親貴冑手中。

這件事對於溥儀一生刺激相當大。但在《我的前半生》中，卻沒提及簽字後的歷史細節。

使全世界都甚感驚詫的是，宣統遜位，竟然一改歷來改朝換代無疑會出現血流成河的悲劇，整個過程竟然未死一人，這遂成了中國歷史上罕見的一幕。尤其使世人驚訝不已的是，即使所有人不保衛大清「宣統」，皇叔載濤所統轄的鐵桿御林軍也不會靜待繳械。那麼，看似表面的「和平移交」政權，其間奧秘何在？這始終是無數歷史學家沒琢磨透的一個歷史課題。其實，也許溥儀至死也不知，宣統遜位前，皇叔載濤曾應孫中山之邀，在一艘軍艦上與孫中山秘密會見，遂成御林軍徹底放棄最終抵抗的「底牌」。

究竟二人密談了甚麼，從來沒見任何記載。即使在溥儀生父的《載灃日記》上，也未發現絲毫痕跡。然而從孫中山事後進京赴醇親王府看望載灃，而載灃也親赴那家花園回饋其禮物這件事來看，顯然載濤不僅以個人名譽且代表其兄載灃與孫中山在軍艦上，已達成了某種默契——或者是一種「交易」。

另據記載，宣統王朝垮台前，載灃親赴京城北邊的黃寺向載濤所統領的御林軍授旗，足見兄弟二人誓死保衛溥儀皇位的

隆裕太后葬禮

隆裕太后葬禮上寫有「女中堯舜」的橫幅

決心。如無皇叔載濤與孫中山的這次密談，擁有現代武器的御林軍哪能乖乖繳械投降呢？

就在詔書頒佈的第二天早晨，隆裕太后照常正襟危坐，靜待上朝。不料，等到上午十點多，仍不見袁世凱等人露面，隨即詢問貼身太監：「今天軍機大臣等人，怎麼還不上朝？」

「稟報皇太后，袁世凱臨行前說，從此不來了。」

事實上，歷史並不如此簡單。袁世凱不再上朝，是藉口東華門外發生了欲暗殺他的爆炸案。

孤陋寡聞的隆裕太后聽說，立時愣了，半晌說不出話來，淚流滿面，似有所悟地說：「難道大清國，讓我斷送掉了？」從此，遷住長春宮而居住的隆裕太后飲食頓減，憂鬱成病。

而據老太監信修明回憶，此時的溥儀每天依然要到長春宮去向隆裕太后請安。這是必不可少的「功課」。然而，一味聽信小德張所勸而接受優待條件的隆裕太后，也陷入了袁世凱所設計的「火坑」。

據老太監信修明記載：「袁政府之掌財者，為一班奸商，對於皇室趁火打劫者大有人在，將內府累積數十年之陳欠久已勾清者開單索賬，同時運動在優待費項下支取。部中先扣百分之六十為交換條件，皇室如不允許，財部亦不交款，四百萬優待費先被扣去了半數。」這不僅使內務府大臣一籌莫展，也令隆裕太后追悔莫及。

然而，悔之晚矣。1913 年 2 月 15 日，是隆裕皇太后的壽辰。僅僅過了七天，隆裕太后便在悲憤中崩於長春宮太極殿。宮中的這些真實情形，被久居宮內的老太監信修明，如實記錄了下來。他當時並不清楚內幕，只是客觀記載着隆裕太后於正

月十七日辰時病逝:「當日,各廊下落水如雨,人稱『房哭』不祥。」

假惺惺的袁世凱,通令全國下半旗,還派陸軍部尚書兼總統府侍從武官蔭昌,在衣袖纏上黑紗,代表自己參加葬禮。從歷史留下的當天照片上,可以清楚地看到,在隆裕皇太后祭奠儀式的橫幅上,赫然寫着四個大字:「女中堯舜」。實可謂莫大諷刺。

溥儀以孩童的不解目光,望着眼前發生的一切。

溥儀誤以為「復辟」有望

誰料,隆裕皇太后的喪禮還沒辦完,南方就發起了「討袁」運動。袁世凱在一片混亂之中,乘機派兵包圍國會,強迫國會選舉他為正式總統。

事後溥儀還突然接到袁世凱裝模作樣的一個所謂「報告」。袁世凱倡導設立清史館,任用前清舊臣,報紙上還突然出現了「還政於清」的大規模宣傳。不僅「遜帝」溥儀,連奕劻也犯起了糊塗。

起初,溥儀發現袁世凱在背後鼓動遺老遺少以及報紙喉舌,紛紛鬧着恢復帝制,誤以為「復辟」有望。誰知,接下來的事實證明,溥儀的一廂情願確是大錯特錯。據溥儀事後回憶,當時產生了嚴重的錯覺,以為袁世凱真的要讓自己復辟登基。

然而,當成天陪他讀書的毓崇的父親溥倫貝子,代表皇室和八旗向袁世凱遞上「勸進表」,公開擁戴袁世凱當皇帝,溥儀這才恍然大悟。原來「帝制」與自己無關,而是袁世凱要當

皇帝。

　　溥儀慌了手腳，和那些師傅及大臣討論來討論去，結果只能退而求其次。為保住清室優待條件，以讓遜帝繼續留居宮中，無奈之際，他只好違心做了一筆交易──由內務府發出正式公函：「推戴大總統（袁世凱）為中華帝國大皇帝，凡我皇室極表贊成。」而溥儀身邊的謀士，又天真地讓即將登基的「準皇帝」做出親筆保證。這可以在歷史記載中看到袁世凱的親筆墨跡：「所有優待各節，無論何時斷乎不許變更，容當列入憲法。」

先朝政權未能保全僅留尊號至今耿〻所有優待各節無論何時斷乎不許變更容當列入憲法

袁世凱誌

乙邜孟冬

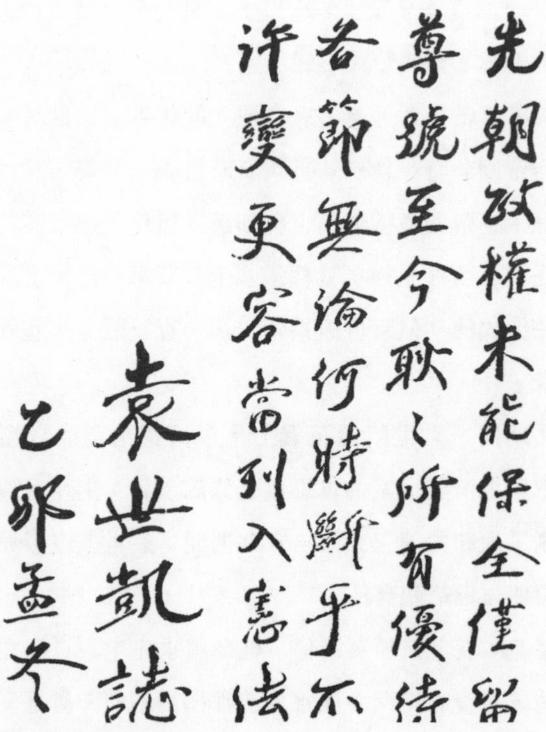

袁世凱做出親筆保證

　　起初，溥儀盲目相信了袁世凱白紙黑字的承諾，後來才明白，以上這紙公文，根本不可能列入憲法，只勉強收入民國「大總統令」，這不過是袁世凱妄圖稱帝的主要伎倆。

　　袁世凱在大造「帝制復辟」輿論的同時，對其嫡系卻極力封鎖消息，進而又耍起了兩面派。在掌握軍權方面，袁世凱歷來依賴三個親信：段祺瑞、馮國璋和王士珍。正當袁世凱意欲稱帝的消息廣為流傳時，馮國璋去找他詢問。誰知，袁世凱態度極為誠懇地回答：「我絕對沒有帝王思想。袁家歷來就沒有活過六十歲的人，我今年五十八歲了，就是做皇帝能有幾個年頭？況且皇帝須傳子，你看，我的大兒子克定身體殘廢，二兒子克文是一個『假名士』，三兒子克良是個『活土匪』。哪一個能繼承大業？你儘管放心好了。」

　　馮國璋信以為真，走出袁府便立即轉告了徐世昌。等袁世凱宣佈「帝制」時，他們才發現為時已晚。其實，袁世凱早已暗中做好了稱帝的各種準備。譬如讓人製作了皇帝穿的龍袍。據說，光做這兩件龍袍，就耗銀八十多萬兩，龍袍上的繡花都是用金絲織成的。但袁世凱稱帝，卻一直沒敢穿，直到死後才黃袍加身。

　　在此期間，袁世凱還花費七十多萬銀兩製成六顆皇帝玉璽，又把原來清朝皇室的車馬儀仗修飾一新，更斥巨資二百萬銀兩粉刷了太和殿等三大殿。在此期間，袁世凱沒事兒就去觀賞三大殿那幾根蟠龍寶柱。

　　事實上，袁世凱極為迷信，他聽風水先生說自己在中南海設置的總統府沒有正門，風水於前程極為不利。於是，袁世凱立即下令把中南海南岸的寶月樓外的紅牆推倒，同時將樓下闢

洪憲盤子

成通道。這就是現在的「新華門」，一直沿用至今。

溥儀鄙視「洪憲」

溥儀的復辟夢想沒能實現，而袁世凱卻成就了「帝制」美夢。

1916 年 1 月 1 日，袁世凱「登基」稱帝，改中華民國為「中華帝國」，年袁世凱號「洪憲」。有意思的是，袁世凱當上皇帝後，專門派人到江西景德鎮燒製了一批瓷器，賞賜給所謂文武大臣，還特意把他的年號「洪憲」款識，印鑴在瓷器上。外人所不知的是，袁世凱還特地贈送給溥儀幾件。

可以想見，溥儀雖年幼，但也能感受到莫大侮辱，不會存

有任何好感。幾年之後，溥儀把手中的「洪憲」瓷器，不屑一顧地轉送給了進宮教他讀書的英國洋師傅莊士敦。對此，莊士敦評價說：「袁世凱厚顏無恥地拿來幾件『洪憲』款識的瓷器，送給年幼的皇帝。幾年以後，我從皇帝那裡得到兩件這樣的瓷器，便把它們收入我的個人藏品中。」莊士敦把袁世凱贈送溥儀「洪憲」瓷器這一行徑，稱之為「厚顏無恥」，可見，他也對袁世凱充滿了憎惡之情。

正當袁世凱的皇帝夢漸入佳境，雲南的蔡鍔將軍帶頭引爆「討袁護國」運動。很快，袁世凱的親信也紛紛倒戈。在舉國上下反對聲中，袁世凱被迫取消帝制，八十三天皇帝夢徹底破滅。袁世凱在北京死於尿毒症。有意思的是，他跟溥儀死於同一種病。

具有諷刺意味的是，袁世凱死後才黃袍加身。原來，袁世凱腎病身亡，屍體渾身浮腫。沒想到，那口金絲楠木的棺材根本裝不進去，只得另外臨時換了一口大棺材。原來做好的那身喪服也穿不了，經民國政府同意，只能用寬大的龍袍入棺下葬。這正是袁世凱登基時想穿而沒敢穿上的。

梁啟超曾經預言說：「如不改革，不及三年，國必大亂以至於亡！將來世界字典上決無以『宣統五年』四字連成一名詞者。」

看來他做出了清朝滅亡的準確判斷。至於宣統王朝覆滅的原因，筆者把它歸納為三點：

一是政治上清政府無法捨棄世襲制和等級制，雖然宣佈了立憲，而且提前立憲，仍然把近親婚姻作為掌控權力的手段，乃至成立皇族內閣。

二是經濟上瀕臨崩潰，所欠外債不堪重負，民不聊生，中

央財政難以支撐國家的運轉。

　　三是國家沒有真正地掌控軍隊。載灃雖自任全國大元帥，還任命載濤軍咨大臣、載洵為海軍大臣，其實六個鎮的新軍，有五個鎮的軍隊緊緊掌握在袁世凱手裡。

　　「宣統」從登基到遜位僅僅三年。晚清王朝的覆滅，為歷史帶來了雋永的思考。

直到十一歲那年，溥儀才在宮內與八年沒見面的母親、祖母和家人重逢。此時他果有真情流露嗎？其間又發生了哪些有意思的故事？

二格格韞龢初見溥儀，不由大吃一驚，眼前竟是一個身穿長袍馬褂的小孩兒。溥儀見到祖母和母親，跪下給祖母和母親恭請跪安。雙方淚流滿面，溥儀一時竟哭得說不出話來。

溥儀的妹妹和弟弟向莊和太妃請安，老太妃為示親熱，逐個詢問兄妹四人喜歡吃甚麼水果，韞龢想也沒想：「梨，我最愛吃梨了。」為何被溥儀板起臉斥責了一頓？

神秘的溥儀會親

歷史總是驚人的相似。1875 年，年僅四歲的光緒從醇親王府被抬入皇宮。三十三年後，未滿三歲的溥儀又沿着相同路線，告別醇親王府，邁入同一座宮殿。

無疑，溥儀是承繼同治兼祧光緒坐上的皇帝寶座，慈禧太后死後，光緒皇后隆裕就成了溥儀在宮內的母親。1913 年，隆裕太后死去，溥儀第一次向並排坐着的四位老太妃——同治的三位妃子以及光緒皇帝的瑾妃磕了頭，稱其為「皇額娘」。

溥儀起初不知，宮內的四位老太妃各自心懷鬼胎，都想拉攏他以提高地位。其中敬懿太妃在幾位太妃當中較有文化，她居住太極殿，溥儀住在長春宮，兩人相距較近。敬懿太妃就利用這種便利千方百計接近溥儀。她挖空心思地想出一招，讓溥儀的祖母劉佳氏和母親瓜爾佳氏進宮「會親」。

皇上居然是個小孩兒

甚麼是會親？宮內種種事都有規矩，而且絕大部分是用制度固定下來的。《宮中則例》中明確規定：「特旨許會親，一年或數月，許本生父母入宮。」

　　本來，皇后的本生父母被召進宮，叫「會親」。後來範圍擴大了，包括皇上會親居然成了一種待遇。溥儀進宮之後，從沒見過二弟溥傑和幾個妹妹。兄妹也只知宮中有一個「皇上哥哥」，卻不知甚麼模樣。家人對久居深宮的溥儀，隱約有一種神秘的感覺。

　　溥儀十一歲那年，即 1917 年陰曆五月初八，溥儀的祖母劉佳氏和母親瓜爾佳氏偕溥儀的二弟溥傑、大妹韞瑛進宮會親。溥儀這才第一次見到家人。

　　這裡有一個小插曲。宮內事先派「天使」去醇親王府宣旨。這位頭戴金頂、身穿袍褂的小太監神氣十足地走進信果堂，宣讀會親的聖旨。沒想到，溥儀的二妹韞龢猛然一抬頭，見到小太監是過去伺候溥儀的貼身太監劉德順，如今剛改名劉三順，撲哧樂了，低頭小聲對溥傑說，甚麼天使？是給你擦屁股的。兩人一齊樂出了聲。祖母見此，狠狠瞪了倆人一眼。進宮後，他倆和溥儀一學舌，溥儀哈哈大笑。這是後話。

　　一行人進宮後，被帶到長春宮西配殿等候。只見啟元殿的後宮門打開，一群太監跟隨溥儀走了進來。祖母劉佳氏見到溥儀，馬上站起身來，說：「皇帝好。」而溥儀尊稱祖母為「太太」。原本，沒見到溥儀之前，溥傑和大妹滿以為「皇上」是個頭戴皇冠的老頭兒。哪知，兄妹第一次見到溥儀，不由得大吃一驚，眼前竟是一個身穿長袍馬褂的小孩兒。

　　在眾人面前，溥儀沒行禮，直到走進祖母居住的廂房，才向祖母正式請安。

　　一位老太監把明黃色的拜墊，鄭重放到溥儀的祖母和母親跟前。溥儀走過來，恭敬地跪下給祖母和母親分別請了跪安。

溥儀的大妹韞瑛　　　　　溥儀二妹韞龢（右），三妹韞穎（左）

　　溥儀站起身，顯得非常拘束。他自從不到三歲進宮到這次
見面，已經八年之久。祖母見到溥儀時，淚流滿面。溥儀由於
受到感染，一時竟哭得說不出話來。

　　此後，似乎成了慣例，每年老太妃都要召醇王府家人進宮
會親。第二次會親，溥儀的祖母和母親各乘一頂八人大轎，從
醇親王府出發。溥傑和三個妹妹——大妹韞瑛、二妹韞龢和三
妹韞穎，分坐大鞍車（王府專用車，馬鞍相對高一些，由牲口
拉着。車上有棚子，前頭有一個布簾，兩側安有玻璃，可從玻
璃處向外探望。）跟隨在兩乘大轎子後頭，一直到故宮神武門
前才下車。

　　這時，宮裡走出來一群小太監，帶着他們走進宮內，換乘
上僅能乘坐一人的小轎兒。筆者曾問過溥儀的二妹韞龢，小轎
子甚麼樣。她曾對我說：「嗨，就是由倆太監抬着一個長把手

太師椅，沿途四周甚麼都看得見。」

這樣，一群小太監把他們抬到了敬懿太妃所住的長春宮西配殿。

這次他們先見的不是溥儀，而是敬懿太妃。啟元殿內靠南窗的炕上坐着一個頭戴坤秋帽、身穿長袍的老太太，他們按照規矩向敬懿太妃磕了三個頭。隨後，祖母劉佳氏喚貼身太監向敬懿太妃呈上醇王府的貢品——八盒點心。一個長春宮太監從後邊捧出一個小方盤，裡面擺放着玉佩和綠玉戒指等回禮。之後，祖母叫兄妹四人跟隨去各宮，向其他三位老太妃逐一請安。誰想進宮第一天，二格格韞龢居然在莊和太妃那兒捅了婁子，還意外受到溥儀的訓誡。

溥儀板起臉的訓誡

當兄妹進殿向莊和太妃請安時，老太妃為表示親熱，逐個詢問兄妹四人喜歡吃甚麼水果，問到韞龢時，說：「韞龢，你的名字挺好，喜歡吃甚麼水果呀？」韞龢想也沒想，隨口說：「梨，我最愛吃梨了。」

不料，這一下卻惹了禍。莊和老太妃特別迷信，聽到之後，馬上就耷拉下臉。因為梨與分離的「離」同音，犯了忌諱。三妹韞穎倒是無意中圓了場，趕忙說：「我喜歡吃柿子——隱喻事事如意。」聽到此話，老太妃的臉色這才「陰轉多雲」。

會親剛結束，溥儀的二妹韞龢就被祖母劉佳氏一把拽進了配殿：「哎呀，你可真不懂事，怎麼說愛吃梨呀？」二妹說：「我就是愛吃梨嘛。」聽到祖母的嚴厲訓斥，韞龢才明白，宮內的

四位太妃無一不是寡婦，絕不能提起這個「離」字，否則會視為不吉利。

當後來韞龢向溥儀提起這件好笑的事，溥儀卻立馬板起臉來，說：「這不單單是莊和主子迷信，其他三位老太妃也忌諱挺多。你可要注意啊，以後像『死』這一類字眼，在宮內更不能說。你知道嗎？莊和主子吃『梨』時，也要切成一牙牙地吃……」

「怎這麼多事兒呀？」韞龢說到這兒，連溥儀也承認，「是啊，宮內規矩太多，太囉嗦了。」

二格格韞龢見到溥儀那一年，僅六歲，溥儀則比她大五歲。她平生第一次親熱地稱呼他：「皇上哥哥……」一位老太監聽到她這個稱呼，非攔着不讓這麼叫，說是對皇上「不敬」。溥儀聽後，大咧咧地對老太監說：「甭管她，就讓她這麼叫吧。」

溥儀說完，一眼瞧見了溥傑，便走過來好奇地詢問二弟：「你平常在家玩兒甚麼呀？」

「我們有時候在府裡玩藏貓貓。」

藏貓貓，是老北京話裡「捉迷藏」的意思。這源自滿語，原意是樹木。後來其意有所延伸，指藏在樹叢裡捉迷藏。

誰想，溥儀聽完這句話，就把傑二弟和三個妹妹領到養心殿，玩起捉迷藏來了。韞龢抬眼在殿內看見一把椅子。哪知她剛坐上椅子，屁股底下竟然響起優雅的音樂，原來椅子下安裝了一隻八音盒。一位太監趕緊走來，繃起了臉：「這兒你可不能坐，這是皇上坐的地方。」

溥儀卻根本沒當回事，對太監說：「甭管她，就讓她坐那兒得了。」說完，溥儀就和溥傑、大妹韞瑛溜出養心殿，還順

溥儀的弟妹在宮內和皇后等人合影

手把殿外的雨搭放了下來，殿內頓時變得漆黑一團。二妹韞龢和三妹韞穎被關在大殿裡，嚇得連哭帶叫。溥儀帶頭和傑二弟、大妹韞瑛趴在窗外，起鬨地叫嚷着：「鬼來啦！……」

　　直到她倆嚇哭之後，溥儀這才打開殿門，放兩個妹妹跑出養心殿。韞龢對三妹說：「皇上哥哥這個淘氣的小孩兒，哪兒像『皇上』呀？……」

　　在宮中居住的那些日子裡，老祖母劉佳氏總擔心溥傑兄妹四人跟溥儀一起就餐時出醜。不出所料，溥儀在餐桌上總出怪點子。一天，在養心殿裡吃春餅時，溥儀坐在桌子頂頭，溥傑和三個妹妹則分別在左右兩邊陪坐。春餅剛端上來，溥儀淘氣地提出，非要一氣兒吃四張春餅不可。由於溥儀根本無法用手

托起來，就先讓太監將四張薄春餅卷好，連成一米多長，再由四個太監用手抬着，往他嘴裡送。溥傑和三位妹妹坐在桌邊瞧着溥儀活像演雜耍的小丑，哈哈大笑起來……

萬歲爺傳格格吃飯

剛進宮會親第一天，溥儀就親自向弟弟妹妹介紹，宮裡用膳與宮外有所不同，每天的正餐只有早晚兩頓。傍晚六點左右，還有一次「茶點」。

最特殊的是，到溥儀所在的養心殿內吃飯，總有一個規矩——「嘗膳」。在餐桌上，每人面前擺放着一雙銀筷子和銀匙，用於檢驗是否有毒。這就是說，溥儀招待的客人在就餐前，必須由御膳房太監嘗過膳，才能端上餐桌。末代太監孫耀庭曾對筆者回憶說，御膳房的太監總是在背後稱「嘗膳」是「豬替羊死」。他說此話時當然不敢讓溥儀聽到，不然，非被溥儀打個半死不可。

溥儀有意讓兄妹四人遍嘗宮內的御膳。他還吩咐御膳房端來別具一格的「一品鍋」，樣式跟民間火鍋差不多，不同尋常的是，「一品鍋」係純銀打造，裡頭放入活魚和魚丸，味道尤其鮮美。溥儀最喜歡召溥傑和姊妹三人來養心殿飽餐一頓，有時特意讓太監向太妃稟報一聲：「萬歲爺傳格格吃飯。」敬懿太妃便讓他們立馬直奔溥儀的殿裡就餐。

開飯時，溥儀往往讓眾太監將至少三張桌子拼接起來，上面滿鋪白桌布，陸續擺滿幾十種菜餚。他和弟弟、妹妹們一邊起鬨一邊吃，十分熱鬧。

有時，溥儀別出心裁，不像日常用膳那樣一道道上菜，而是讓太監把菜餚全部端上餐桌。因為全是小孩兒，身後都佇立着一名太監，候着夾菜。甭看滿桌熱菜，數清蒸鴨子和燴雞絲最受歡迎。

就餐之前，太監往往按照溥儀的吩咐，發給每人一塊方形緞子圍嘴兒，一律尖形朝上，圍嘴兒上有一枚金鈎，吃飯時要掛在胸前，宮裡稱此為「懷擋」。這便是宮內特有的「御用餐巾」。

用餐結束之前，溥儀還會吩咐再端上一道道他最喜歡吃的宮廷小吃，像砂仁、冰豆蔻、紫砂冰。太監還往往用一個個銀盒端來一種叫素砂的食品，入口即化，能消除嘴裡的異味。可以說，這就是遜清宮廷的御製「口香糖」。

接着，太監和宮女還要手捧銀質漱口杯向客人遞上漱口水，刷牙蘸的是用胡鹽和紙袋裝的牙粉，漱口過後才能撤席。臨到最後，太監和宮女還要給眾人遞上「口布」，以用來擦嘴。

往常，午覺要一直躺到三點來鐘。起床之後，一行人又回到太妃的屋裡。太監和宮女會按規矩送來果盒，裡邊盛着乾鮮果品、蜜餞、糕點，以及豌豆黃、芸豆糕、荸薺⋯⋯

宮內「會親」，一度達到了高潮。端康太妃也派人宣醇親王府家人進宮會親，只是特意吩咐，老祖母劉佳氏年邁不必來了，僅讓溥儀的母親瓜爾佳氏進宮會親即可。這樣，兄妹四人在母親瓜爾佳氏帶領下，進宮叩見過端康太妃，照例前去拜訪其他三位太妃。沒料到，敬懿太妃見到這一行人，竟然隨口甩出幾句閒話：「你們來不來我這兒都行，去哪個宮都一樣⋯⋯」

從此，敬懿太妃再也不召醇親王府家人進宮會親。相反，端康太妃相邀會親的次數多了起來。甚至連端康太妃宴請這一

二妹韞龢（右）和婉容（中）、三妹韞穎

行人的規格，也遠遠超過敬懿太妃。

　　頓然，端康太妃與醇親王府的關係變得異乎尋常。

　　溥儀會親成了被宮廷內鬥利用的一種意外方式。其後果出乎所有人的預料，也極大地刺激了溥儀未成年的神經。

究竟在溥儀幼年心靈裡，有着甚麼樣另類童真？

故宮鋸門檻禍首是誰，為何溥儀不學傳統的「騎射」？宣統末年，故宮西北角緊挨建福宮之處，建起一座頗具規模的珍奇動物園。溥儀為何經常光顧此地？

溥傑因「明黃」袖口而引發一場風波，溥儀事後以甚麼特殊方式處罰了二弟溥傑？

淘氣的皇帝頑童

溥儀豈止是個頑童。失去皇位的溥儀，表面看上去並沒有太多悲傷，照樣在紫禁城裡呼朋引伴，任性玩鬧。然而，親弟弟無意觸犯了皇上的威嚴。實際在溥儀骨子裡，依然深深烙着皇上的印記。

溥儀為何成了鋸掉宮中門檻的禍首

一般人不了解，溥儀在宮內騎自行車之前，按照宮規，他最初學習的是騎馬。

當溥儀年近十五歲那年，皇族普遍認為，皇上應當籌辦婚事。另外，就是要學會「騎射」，即騎馬和射箭。因為大清國乃是「馬上得天下」，皇上不會騎射，有違祖制。但是，溥儀對這些絲毫不感興趣。他在洋帝師帶來的畫報裡，早就清楚地知道了西方的洋槍、大炮和飛機，他雖然認為騎射是過時而沒用的，卻也不敢明目張膽地反對。

據說，由掌管上駟院的蒙古親王那彥圖以及叔叔輩的載澤親自教溥儀騎馬，同時還委任了整整九位馬術教官。其實歷年由蒙古和西藏地區向宮內進貢不少好馬和駱駝，但由於此前體

弱的光緒皇帝不喜歡騎射，上駟院的主管大臣往往以次充好，把良馬賣入黑市。結果，臨到溥儀學騎馬時，居然一匹良馬也挑不出來，可急壞了這些貪官。只好從黑市上買回了一匹聽話的黑馬，渾身油黑，蹭光瓦亮，連一根雜毛都沒有。但太聽話也不行，一般吆喝聲它紋絲不動，只有拿鞭子抽才挪步。九名護駕大臣雖扶着溥儀，他騎在上面，仍然膽戰心驚。一來二去，溥儀便失去了興趣。

忽然有一天，溥儀見到宮內出現了一輛嶄新的「三槍」牌外國自行車，馬上眼睛一亮。當即，他就讓太監推了過來，躍躍欲試，想學騎自行車。是誰把自行車引入的宮內？宮內幾乎無人知曉。

溥儀仔細一打聽，原來是國舅潤麒帶進宮內的。在宮內騎自行車，潤麒確是始作俑者。潤麒和母親各有一輛「二六」型、「三槍」牌外國自行車，是他把這輛自行車最初騎進了紫禁城。溥儀聽潤麒說，他和母親經常在家裡騎車，便叫他把幾

溥傑學車摔倒在地

皇后婉容騎自行車　　　　　　　　端康皇太妃和皇后婉容騎特製自行車

種外國進口的自行車統統騎進宮內。溥儀起先不會騎自行車，溥傑也不會。溥儀親眼見到潤麒表演車技，早就心動了，發話說：「去買幾輛自行車，朕也學着騎騎。」

　　一道聖旨頒下，一批外國自行車很快被推進宮禁，養心殿前的空場頓然變成了練車場。溥儀率先披掛上陣，由太監攙扶着騎上了自行車，小舅子潤麒親自擔任現場教練。沒幾天，不僅溥儀學會了，連溥傑也能騎得飛快。此前，溥傑學車摔倒在地的情景，竟被潤麒悄悄搶拍下一組照片。後來溥儀才發現，自己練騎車時，也被偷拍了不少「御照」。這樣一來，學騎自行車在宮內風靡一時。

　　溥儀聽說，連年邁的端康老太妃也喜歡上了騎自行車，因

為老太監出主意，專門給老太妃定做了一輛自行車。一天，溥儀前去永和宮看熱鬧，眼瞅端康老太妃坐在車上，後邊一群太監推着狂跑。

溥儀學騎自行車格外上心，還專門請來京城有名的「天橋飛車」——小李三，一來二去，又在空曠的場地耍起了把式。一陣興奮之後，溥儀又讓小李三手把手地教起了車技，自然短不了招來伴讀溥傑和毓崇。

課堂從毓慶宮挪到了建福宮的空地。溥儀在養心殿騎了幾天，覺得院裡不過癮，便想騎到外邊，但各宮門檻兒礙事兒，而且都是死門檻。潤麒想了想，向溥儀提出一個大膽建議：「這些門檻兒真礙事，乾脆鋸了它得啦！」

「嘿，好主意。」沒想到潤麒這句話，正中溥儀下懷。溥儀當即下旨，鋸掉了養心殿通往御花園的門檻兒。一些門檻兒實在鋸不動，就由太監運來黃土墊起來。溥儀飛身躍上自行車，在宮裡暢行無阻。

不久，溥儀瞧見潤麒駕駛起摩托車，覺着眼紅，也買了一輛摩托車。可笑的是，他開始不敢騎，後來下車前，每次都要大吼一聲：「我下車啦！」一群太監馬上跑過來團團圍住，溥儀就從摩托車上一下歪倒在眾太監的懷裡。當然，最後他也能在宮內駕駛自如了。

溥儀鋸掉各宮門檻兒這事兒，在老太妃眼裡簡直是大逆不道，是破了宮中的「風水」。然而，溥儀不管不顧。

人所不知的故宮珍奇動物園

　　溥儀有時也會暴露出內心的另類童真。世人不知，宮內原來有一個動物園。除了在養心殿打鬧以外，這是溥儀最喜歡玩兒的地方，自從潤麒進宮後，兩人時常來這裡遊玩、照相。

　　溥儀喜歡淘氣的潤麒，儘管他時常惹禍，仍然天天和他黏在一起。一次，潤麒和溥儀的幾個妹妹正在養心殿玩耍，溥儀猛然跑來拍了他肩膀一下，轉身就跑。潤麒馬上追過去，倆人在殿內跑來追去，周旋在盤龍雕漆大柱之間。

　　養心殿寶座兩側，有一對青花寶瓶，高矮與溥儀個子差不多，據說是乾隆朝的古董，堪稱價值連城的「國寶」。之前，潤麒曾幾次蹦起來，想摸到青花寶瓶的頂部，始終都沒夠着。他倆圍着寶座跑來轉去，眼看距離只有幾步遠時，溥儀突然轉了一個彎兒。平時捉迷藏，潤麒拐彎時常以柱子為軸，以藉助旋轉來加快速度。誰想，他奔跑中誤將青花寶瓶當作圓柱來借力旋轉。沒等他轉過彎兒，巨大的青花寶瓶「嘩啦」倒地，摔成了碎片。失去重心的潤麒，也意外地摔了一個大跟頭。瞬間，養心殿內變得鴉雀無聲。

　　殿內所有人，幾乎都停止了一切動作，目不轉睛地盯着躺在地上的潤麒和那堆青花寶瓶碎片。潤麒雖無意中摔碎了青花寶瓶，溥儀卻自始至終沒責備他一句，也根本沒當一回事。幾名太監走過來，收拾乾淨後離開了養心殿。

　　「顛兒嘍……」溥儀一聲隨意吆喝，潤麒和這一群人跟隨其後，徑奔宮內的動物園。

　　實際上，「顛兒嘍」這句話，乃是滿語轉成的老北京話，

是「走了」的意思。溥儀在宮內時常喜歡說一些滿語轉成的老北京話，像「蘇拉做的飯菜有哈喇味，必須倒掉，飯菜至少要溫得乎」。「蘇拉」（雜役）以及「哈喇味」（不新鮮的味道）、「溫得乎」（熱乎）這幾句，也無不是滿語轉化成的老北京話。

宣統末年時，故宮西北角緊挨建福宮之處，搭建了一座規模不小的動物園。一個龐大的鐵絲網內，築有高聳的假山和人工水池，裡邊拴着繩兒餵養了許多蒼鷹。還飼養了不少叫不出名字的名貴小鳥和各種動物，種類之多堪與動物園——三貝子（即乾隆帝孝賢皇后的弟弟傅恆的第三子——福康安貝子。）花園媲美。

溥儀經常帶着宮內的人們來這裡餵動物。有一陣兒，溥儀

溥儀和潤麒

和國舅都不約而同地迷上了照相，成天拿一架小照相機去動物園拍攝。不知怎麼，兩人喜歡上了一隻圓瞪雙眼的蒼鷹，但怕蒼鷹啄人，不敢闖進鐵絲網，就叫太監拿着照相機進去拍照，洗印好一看，照片上的蒼鷹活靈活現。其中一幅照片，簡直是成功的特寫：一隻碩大的鷹頭，目光炯炯地注視着遠方……溥儀和國舅潤麒都各自把這幅照片掛在了臥室。

溥儀發現溥傑袖口的「明黃」大怒

在醇親王府，溥傑難得湊上年歲相當的小夥伴，因而進宮和溥儀相聚感到格外興奮。溥儀成天和溥傑等人在一起遊戲耍

醇親王載灃與溥儀（右）、溥傑兄弟倆

溥傑

鬧、捉迷藏，還得拽上一些太監、宮女起鬨。還有時，溥儀拿出喜愛的留聲機以及讓太監搜羅來的那些國內外畫報，讓溥傑隨意瀏覽。在這兒，溥傑看到了許多在醇親王府無法見到的東西，算是大開了眼界。

但是，溥儀也並非沒有皇帝的架子，在帝師和前清遺老的熏陶之下，他有時也端起臭架子訓斥弟弟溥傑。一次玩捉迷藏，在一陣奔跑之後，他氣喘吁吁地抓住了溥傑。「好啊，這次看你還往哪兒跑？我可逮住你啦！」突然，他一把撩起了溥傑的袖口，兩眼緊盯不放，眼神已絕沒有玩笑的意思。這時，溥傑呆呆地站立在那兒，不知所措。溥儀嚴厲地說：「你掏出袖口，我看看。」

溥傑不解地掏出袖口。頓時，溥儀變了臉：「為甚麼你在宮內竟敢穿明黃色？」溥傑站在那兒，一聲也不敢吭。起先他不知這是怎麼回事，後來才知犯了宮禁。除了皇帝以外，清朝規定宮內外任何人都不能穿明黃色服飾，更不能用明黃色袖口

了。作為「遜帝」，溥儀在宮內尤其講究「規矩」。即使對於親兄弟，他也不客氣。這次以後，溥傑才明白弟兄之間的「君臣」之別也是馬虎不得的。

溥儀在《我的前半生》裡，只講到發現溥傑袖口的明黃色而動怒。一般人卻不知，「遜帝」事後卻以一種特殊的方式處罰了二弟溥傑。

突然一天，醇親王府接到了聖旨。那是溥傑剛從宮中回到府裡不一會兒，便見宮裡的小太監隨後趕到醇王府，邁進門檻就是尖尖的一嗓子：「溥傑接旨……皇上有賞。」

於是，溥傑誠惶誠恐，跪着接過「賞賜」。等小太監剛一轉身，他就迫不及待地想知道溥儀賞賜的究竟是甚麼寶物。當他打開裡三層外三層的包裹，眼看就剩幾層紙時，一股惡臭突然冒了出來。他屏住呼吸，打開最後一層紙後，立即忍不住將紙包遠遠地摔在了地上。任誰也想不到，皇上的賞賜竟是一根「屎橛」。

從此，皇上哥哥和自己的親情，在溥傑的眼裡徹底消失了。此後，溥傑雖然表面跟溥儀又打又鬧，內心卻十分明白自己的身份，只要見到旁人在場，總是垂首敬立，君臣依舊。

石破天驚，溥儀生母瓜爾佳氏突然自殺身亡。對於母親第一次自殺未遂，溥儀被完全封鎖消息。豈料，僅事隔六年之後，瓜爾佳氏再次自殺身亡。究其原因何在？

溥儀聽說母親去世消息，欲馬上趕往醇親王府。由於端康太妃嚴令溥儀不准擅自出宮，竟遇阻攔。溥儀勃然大怒。

瓜爾佳氏真正死因到底是甚麼？末代太監孫耀庭去世前，首次披露歷史真相。

第十章

溥儀生母自殺之謎

溥儀生母瓜爾佳氏・幼蘭突然自殺身亡。這不僅對於溥儀一生刺激極大、影響極大，也在皇宮內外引起不小震動。

溥儀生母第一次自殺未遂

其實，外人不知，這已經是瓜爾佳氏第二次自殺。說起此事，由來已久。自從溥儀「遜位」以後，醇親王府暗中分成了兩派。一派以溥儀的父親載灃為首，恨透了篡奪大清政權的袁世凱，連府內的幼小子女也都是這種態度。而另一派竟是以溥儀的母親瓜爾佳氏為代表，夢想藉助父親榮祿的鐵桿老部下袁世凱等人，復辟大清王朝。她總是說：「哎，這可不能全怪袁世凱，要怪就應該怪孫文，如果不是他鬧革命，何至於大清亡國？……」

結果，瓜爾佳氏拚命花錢，運作父親的老部下策動「復辟」。然而始終沒有任何效果，載灃為此多次大發脾氣，埋怨她胡亂揮霍。性格孤傲的她，根本不予理睬。日久天長，她自然在醇親王府內受到了孤立。

當得知父親的老部下袁世凱，居然自己稱帝，她更是絕望

到了極點。一天午飯後，瓜爾佳氏梳妝打扮一番，又把二兒子溥傑叫到屋內，情緒激動地關上了房門，把預備好的白酒和鴉片，統統放到了桌上。

她的奇怪舉動，使貼身僕人發生了懷疑，立即稟告了載灃。隨即，載灃趕到，在眾人一再勸說下，瓜爾佳氏只得暫時放棄了自殺的念頭。

一年多之後，張勳鬧起了復辟。瓜爾佳氏一天到晚匆匆出入王府內外，不斷帶來所謂好消息，她還找出了載灃當年的攝政王朝服和頂戴花翎，準備溥儀登基時用。

自然，「張勳復辟」以失敗告終。但瓜爾佳氏仍不死心，頻頻出入宮禁，加緊和端康太妃密謀，也拿出不少金銀珠寶賄賂父親榮祿當年的老部下。最終依然竹籃打水一場空……

對於母親第一次自殺未遂，深居宮內的溥儀被完全封鎖了消息。誰料，事隔僅六年之後，溥儀的生母瓜爾佳氏再次自殺身亡。

溥儀生母因何第二次自殺？

溥儀生母瓜爾佳自殺身亡那年，溥儀整整十五歲。

至於生母瓜爾佳氏的自殺真相，深居宮內的溥儀起初毫不清楚，只知母親死於「腦中風」或「緊痰絕」。生母之死的真相，過了許久以後才揭曉。瓜爾佳氏是榮祿的獨生女兒，自幼嬌生慣養。瓜爾佳氏僅比載灃小一歲，比側福晉大二十多歲，在醇親王府內，說一不二。

自從溥儀遜位之後，瓜爾佳氏依然企圖復辟。她早就認識

端康太妃（前光緒皇帝瑾妃）

端康皇太妃在宮中

榮祿過去一些老部下，如京城步兵統領衙門左翼總兵袁德亮。瓜爾佳氏經常託這些人打聽時局情況，甚至出資讓他們運作「復辟大業」。

起初，瓜爾佳氏和端康太妃對奉系張作霖抱有幻想，端康太妃也曾請瓜爾佳氏通過袁德亮聯絡各方軍閥，結果，一些宮廷珍寶統統被所謂中間人袁德亮騙走了。據二格格韞龢所知，母親瓜爾佳氏還讓這些人置辦了一些田產，結果找明白人一看，地契差不多都是假的。這使一向以精明著稱的瓜爾佳氏，一度陷入了極度惱怒和絕望。

而瓜爾佳氏與端康太妃關係密切，溥傑就是她倆介紹和端康太妃的侄女唐怡瑩指定並完婚的。她倆經常湊在一起密謀「復辟大清」，往往交談至夜。甚至端康太妃的大總管劉承平與瓜爾佳氏的心腹太監張金也打得異常火熱。她們夢想着一旦溥儀重登皇帝寶座，端康太妃就能成為皇太后，瓜爾佳氏自然便成了當今「聖上」之母。

一次，溥傑見母親與宮內來的太監聊了很長時間，就好奇地打聽，談的是甚麼事？母親瓜爾佳氏神秘地對兒子說：「你還太小，不懂這些，以後就會知道了。」

二妹韞龢雖年幼，也看出一些蛛絲馬跡。譬如張金與她母親談話時，經常提到奉天張作霖。母親時常與端康太妃秘談至深夜，還一起發泄對民國政府的不滿。韞龢聽說，有一次奉軍頭頭兒于崇漢的兒子于敬遠悄悄進宮，由劉承平負責接待，端康太妃不僅賜其豐盛佳餚，臨走時還賜予豐厚賞銀；同時，還直接賜給榮祿老部下袁德亮不少珍貴珠寶。這些都是由瓜爾佳氏牽線搭橋的。然而，對於宮內外發生的這些情況，溥儀一無所知。

意外事件，發生在 1921 年 9 月 30 日。

由於端康太妃屢屢與溥儀發生衝突，竟然遷怒於溥儀的母親，當天便把瓜爾佳氏和溥儀的祖母劉佳氏召進宮內。端康太妃端坐在永和宮大殿內，竟讓溥儀的母親瓜爾佳氏和溥儀的老祖母劉佳氏在殿外整整跪了一上午。端康太妃多次厲聲斥責溥儀的兩位長輩，沒教育好溥儀。其實溥儀與端康太妃的衝突，由來已久，至少發生了兩次。

先說第一次。溥儀在宮內改穿獵裝、西裝、洋襪子等，就引起四位老太妃的強烈不滿。不久，老太監李長安又給溥儀從外邊買來了洋襪子、軍刀、皮帶，還置辦了一套民國將領穿的大禮服。一頂白雞毛撣子似的翎帽，戴在溥儀頭上。溥儀得意揚揚地打扮起來，還在宮裡興高采烈地拍攝了不少照片。端康太妃得知後，憤怒地責問太監：「皇上穿民國的軍裝還了得，這是誰幹的壞事？」之後，端康太妃立即召來溥儀，一眼瞧見他腳上仍穿著洋襪子，隨即把太監李長安重責幾十大板，發到「蘇拉處」充當苦力，又狠狠訓斥了溥儀一頓。溥儀敢怒不敢言。端康太妃仿效慈禧，又派去貼身太監去監視溥儀。

第二次矛盾爆發，是由於端康太妃辭掉了太醫范一梅。現在分析起來，端康太妃知道范一梅和溥儀關係不錯，怕他成了溥儀的密探。這惹怒了溥儀，背後大罵起端康太妃。而在幾位帝師和太監的鼓動下，溥儀更是壓不住內心的怒火，立馬抬起腳，跑到永和宮去找端康太妃算賬。「皇額娘為甚麼辭掉范太醫？」端康太妃剛解釋了幾句，溥儀便打斷她的話，立即搶白說：「我還是不是皇帝？你也太專擅了吧？」

這樣，溥儀跟端康太妃大吵了一架，扭身就返回了養心

殿。端康太妃本想仿照慈禧管住光緒那樣管住溥儀，哪知今非昔比。她本想把載灃和幾位王爺找了去，哭鬧一頓，讓載灃他們勸訓溥儀聽話。結果，沒找來稱病的載灃，只叫去幾位王爺。

可哪知溥儀根本不吃這一套，在幾位王爺面前，他搬出了帝師陳寶琛的話：「端康頂多是個妃吧，她還想當慈禧啊。」一見溥儀大怒，幾位王爺只好磕頭而去。

端康太妃這招失敗了。她沒法下台，就讓溥儀的母親瓜爾佳氏和年邁的祖母在宮中長時間罰跪。她還訓斥其母，教子無能，頂撞太妃是忤逆、不孝，最後叫溥儀來認錯。二老只好去養心殿內來找溥儀，痛哭着央計溥儀，長跪不起，一再勸説溥儀，讓他好歹去給端康太妃賠個不是。

説起來，「央計」這個詞，也是滿語轉成的一句老北京話，就是説好話的意思。

見此，溥儀實在不忍，出於對二位老人的尊敬，只好違心地前去永和宮，也不施禮，只是向端康太妃口是心非地説了一句：「額娘，我錯了！……」

説完，溥儀轉身就走。老祖母自宮中歸來之後，對溥儀的二妹韞龢委屈地説：「我多年來連溥儀的面都見不着，怎麼『教育』呀？端康太妃跟我大哭大鬧，根本不講道理啊。」

這事兒沒完。瓜爾佳氏自幼就依恃是榮祿之女，性格極為倔強，從沒受過一丁點兒委屈。這次被端康太妃一通嚴厲訓斥，瓜爾佳氏返回醇親王府由於窩了一口悶氣，回到自己臥室就把鴉片摻着燒酒和金麵兒，一起吞進肚裡，憤而自殺。

顯然，瓜爾佳氏抱定了必死的決心，而這件事情正成了她自殺的重要誘因。

溥儀出宮弔唁亡母

此時溥儀尚未結婚，聽説母親瓜爾佳氏去世的消息，打算馬上從宮裡趕往醇親王府。由於端康太妃曾嚴令溥儀不准擅自出宮，當溥儀出神武門時，遇到了阻攔。立時，溥儀勃然大怒。

眼見皇上大怒，太監們誰還敢阻攔？於是，溥儀火速趕往醇親王府。進門就見二格格韞龢跟家族的人們一起跪着守靈，正在屋裡哭泣不止。溥儀哭喪着臉走進思謙堂的正殿，看到母親的靈柩停在那裡，猛地一跺腳，就放聲大哭起來。

之後，溥儀跪拜在母親的靈前，鄭重地磕了三個頭，跟誰也沒説話，便一言不發，走出了殿門。隨後，溥儀又來到祖母劉佳氏的屋裡，低聲説了幾句安慰話，就陰沉着臉返回了紫禁城。

在韞龢的記憶裡，溥儀進宮之後多年，從沒回過醇親王府。只是這次母親意外去世，才見到溥儀前來王府弔唁並看望祖母。

載灃對於妻子去世的真相，一直嚴守秘密，甚至對溥儀也始終沒敢吐露實情。溥儀只聽父親載灃説，母親瓜爾佳氏患的是「緊痰絕」即腦溢血，而溥傑卻對他説母親死於「腦中風」。據《我的前半生》執筆人李文達先生説，溥儀當時也產生過疑問，但誰也沒敢向溥儀吐露真相。

據父親載灃對韞龢回憶説，瓜爾佳氏自殺之後，宮內幾位老太妃先後向載灃問起其去世前後的情景，然而，載灃實在不敢説出實話，只謊稱瓜爾佳氏是「中風」而死。這成了醇親王府內外的統一「口徑」。正是因為如此，溥儀始終被蒙在鼓裡。

瓜爾佳氏的真正死因

對於溥儀生母的真正死因，末代太監孫耀庭去世前，曾向筆者做了透露。端康太妃指責瓜爾佳氏假藉「復辟大清」為名，把宮中的珍寶「中飽私囊」。溥儀的母親在斡旋「復辟」中，被賄賂的中間人騙走了大量珍寶和錢財，可她實在難以一一解釋清楚，感覺人格上受到了莫大羞辱，最終死於冤屈和悲憤。瓜爾佳氏在最終去世彌留之際，勉強掙扎着在醇親王府各處巡視一遍，又到各屋逐一看望了子女和府裡的每個人。

據溥儀二妹韞龢回憶，事發之後，載灃起初沒叫西醫大夫，只找來了中醫，而中醫大夫長歎了一口氣，説：「在這種

溥儀生母瓜爾佳·幼蘭

狀況下，藥性急劇發作，確實已經無藥可解。」

最後實在沒辦法，載灃才又叫來西醫大夫。沒想到，中醫大夫和西醫大夫共同診斷之後，得出了一致結論：「太晚了，治不了了……」載灃聽到醫生的結論，當時就走不動路了，一邊哭着一邊語無倫次地用手指着妻子，卻說不出一句完整的話來。他斜歪着身子癱坐一旁，只能由兩個僕人一左一右地攙架着。

由於藥性再度發作，溥儀的母親瓜爾佳氏最終閉上了雙眼。（溥儀在《我的前半生》未定稿中，把溥儀生母瓜爾佳氏自殺身亡時間錯寫為 1918 年。）實際上，溥儀生母瓜爾佳氏臨終之前，除了「復辟」之外，仍然念念不忘溥傑的婚姻，因為她曾想讓溥傑迎娶「辮帥」張勳之女。溥傑晚年曾幽默地回憶說：「當年呀，我差點成了張勳的姑爺……」

儘管溥儀當時不知生母自殺身亡的真相，但瓜爾佳氏為他所做的種種努力，卻成了他復辟大清的動力。在「復辟」的路上，溥儀愈走愈遠，終於陷入了日本人精心設計的「泥坑」。

張勳復辟依恃皇叔載濤和大太監小德張的幕後策劃，還有十幾個握有兵權的督軍簽字擁護，乃至還有日本人出資贊助，可為甚麼會慘遭失敗？

張勳復辟之際，康有為和弟子梁啟超師生二人各為其主，竟然反目為仇。

溥儀雖連頒八道聖旨，僅十二天便告慘敗。而復辟失敗的結局其實早已被兩個女人準確預言。

注：本章及第十二章部分內容，採訪自末代太監孫耀庭，載濤遺孀王乃文等人。參考汪曾武、天懺生所著《劫餘私志》及《復辟始末》；《文史資料選輯》等及相關文章。

第十一章

張勳復辟幕後秘事

然而，歷史的偶然往往出人意料，而又使人震驚。

令人意想不到的是，京城突然遍插龍旗，溥儀又坐上了金鑾寶座。這就是發生在 1917 年（丁巳年）7 月 1 日的張勳復辟。可以說，歷史永遠充滿巧合。此時，離袁世凱死去的 1916 年 6 月 6 日，僅不到一年零一個月。這一年，溥儀不到十二歲。

溥儀自打遜位之後，仍念念不忘復辟。機會來了。民國六年（1917 年），京城發生府院之爭，即黎元洪代表的總統府與段祺瑞代表的國務院發生矛盾。張勳藉調解為名帶三千徐州辮子兵，打進京城，擁戴溥儀重新登基當上皇帝，史稱「張勳復辟」。

以往，人們講到張勳復辟，較少提起溥儀。但張勳復辟，對於溥儀來說有着微妙的影響。此時的溥儀雖未成年，卻已經懂事了，弄清他在這次稱帝前後的表現，有利於剖析他的人生發展軌跡。

張勳復辟

溥儀接見張勳之前，帝師陳寶琛走進來一再叮囑溥儀，張勳進宮如果提出「復辟帝制」，皇上先要假裝推託一下，但最

張勳

（1854 年—1923 年），原名張和，字少軒、紹軒，號松壽老人，謚號忠武，江西省奉新縣人。清末曾任雲南、甘肅、江南提督。進入民國後，表示效忠清室，張勳禁止部隊剪辮子，被稱為「辮帥」。1917 年於 7 月 1 日與康有為擁戴溥儀復辟，失敗後逃入荷蘭駐華公使館。後病死於天津。

後無論如何要答應下來。千萬要記住張勳是手握兵權的長江巡閱使。

不料，溥儀見到張勳後很失望。照溥儀看來，張勳倒像一個御膳房的廚子。

那張勳究竟是甚麼樣的人物？張勳乃一位農民出身的武將，多年盤踞徐州，雖然身為民國將領，卻念念不忘大清，不僅本人不剪長辮，還下令徐州官兵一律留長辮子，人稱「辮帥」張勳，其軍隊被稱為「辮子軍」。當年溥儀遜位後，段祺瑞屢勸張勳和部下剪去辮子，不然太不合時宜了，張勳竟然大怒說：「頭可斷，血可流，髮辮一定留！」

有意思的是，在張勳復辟中，康有為和弟子梁啟超師生二人各為其主，竟然反目為仇，成了不同營壘的敵人。不可思議的是，康有為支持張勳復辟，梁啟超則站在段祺瑞一邊，旗幟鮮明地反對復辟。

康有為

（1858 年—1927 年），原名
祖詒，字廣廈，號長素、西樵
山人等，廣東省南海縣人，人
稱「康南海」。光緒二十一年
（1895 年）進士，曾與弟子梁
啟超領導了戊戌變法。辛亥革
命後，於 1913 年回國，定居上
海。曾參與張勳復辟。

　　當張勳復辟第二天，梁啟超急匆匆趕赴討逆軍總司令段祺
瑞的駐地，成了他的「高參」。那份以段祺瑞名義通告全國討
伐張勳的「通電」，就出自梁啟超的手筆。

　　而康有為作為張勳的參謀，他在政治和軍事上都有一套主
張，他在政體上明確提出，「復辟宜行虛君共和」，「不宜恢復
大清國號」。

　　另外在軍事行動上，康有為明確建議，在徐州的三萬兵力，
至少調一萬進京，其餘軍隊扼制住津浦鐵路和京奉鐵路。

　　應當指出的是，康有為雖一介書生，提出的君主立憲制，
則是英國和日本等國早已實行的國家制度，或可緩解各方矛
盾。但張勳卻沒有完全聽從康有為的建議，不然，這一頁歷史
將可能改寫。然而，歷史終歸無法假設。

　　在溥儀看來，張勳復辟至少有兩大標誌：一是宮內重新登
基，接受所謂群臣朝拜；二是宮外滿京城掛起了清朝龍旗。之

張勳復辟中的溥儀

前，張勳悄然潛入宮內。7月1日凌晨，溥儀在帝師陳寶琛等人陪同下，來到養心殿，坐上金鑾寶座。張勳立即帶領眾人，先向溥儀行三跪九叩大禮。

接着依照事先密謀，由張勳啟奏溥儀登基復位。並認為：「……唯宣統復位，黎民方可救於水火之中。」

說到這裡，溥儀按照陳寶琛事先教好的套話，假裝謙遜了幾句：「本人年齡尚小，難以當此大任。」張勳馬上順勢拍起了馬屁：「皇上聖明，天下人誰不知？當年康熙皇帝不也是十四歲親政嗎？」幾句背過的台詞說完，溥儀連忙按照陳寶琛的囑咐，說：「既然如此，朕只得勉為其難。」

接着，張勳等眾人又再次跪拜在地。這時，溥儀宣告復辟登基，立即封賞文武百官。一場醜劇開始上演。

截至7月12日，溥儀連續發佈八道聖旨，然而，僅僅十二天便告失敗。

而溥儀所理解的復辟失敗標誌是，南苑的空軍駕校向宮中投了三顆炸彈。據老太監信修明記載：一顆炸彈扔到御花園的水池裡，一顆炸彈落在西長街隆福門，另一顆炸彈落在乾清門外。雖然沒死一人，卻產生了巨大震懾力。

本書作者上世紀九十年代初採訪了末代太監孫耀庭，他和信修明的回憶，完全一致。當時溥儀正在書房跟帝師談話，雖然很快跑回了養心殿，嚇得只把竹簾雨搭放下來，而幾位老太妃竟被嚇得鑽到了八仙桌和炕底下。

很快，「討逆軍」打進京城，紫禁城的禁衛軍連故宮城門都出不去，根本沒任何消息來源，只好編造假情報欺騙溥儀。有意思的是，護軍統領毓逖剛稟報完張勳得勝，各位老太妃就

身著龍袍的溥儀

從桌下和炕下鑽出來，跑到欽安殿磕頭敬天去了。

實際上，張勳早已兵敗。溥儀得到的是謊信兒。

溥儀的彌天大謊

就在幾位老太妃聽說張勳打勝、跑到欽安殿磕頭敬天的第二天，溥儀正式得到「內務府」報告，說張勳一敗塗地，逃到荷蘭公使館去了。

直到此時，溥儀才如夢方醒。那些被賜封的「大臣」，狼狽辭職而去。溥儀忽然見陳寶琛慌慌張張跑來，要求溥儀趕緊拿出宣統皇帝的玉璽蓋印，要把一紙公文交東北軍閥張海鵬讓

他連夜奔赴東北，任命張作霖為東三省總督，前來挽救危局。因張作霖與張勳兩家是兒女親家。

然而，宣統的小印璽，雖放在溥儀身邊的木匣裡，鑰匙卻歸父親載灃掌管，如需用印則要由宮內太監從溥儀這裡捧着木匣，親交載灃開匣蓋印，用完仍由載灃鎖好，再送回溥儀處。這時，帝師陳寶琛斷然砸毀木匣的鎖，在「聖旨」上鈐蓋了印璽，誰知特使剛出城就被俘虜。

溥儀作為主角，自然經歷了醜劇全過程。當張勳失敗後，溥儀的父親載灃和陳寶琛等，拿出早就預先寫好的溥儀《清帝遜位詔書》，做了自欺欺人的頒佈：「不意七月一號，張勳率領軍隊，入宮盤踞，矯發諭旨⋯⋯此中情形，當為天下所共諒。⋯⋯完全罪在張勳，而與清室無關。自己仍願還政於中華民國⋯⋯」

事後，溥儀的《清帝遜位詔書》根本沒有對外頒佈，只是公佈了一份夾在「大總統令」中的內務府聲明。這種彌天大謊，成了一則笑料。

事實上，這場復辟的失敗早被兩個女人預言。

兩個女人的預言

張勳的妻子曹瑞琴和端康太妃，她們竟準確預言了復辟的結局。

張勳經常對人自稱，畢生效忠清室，受清朝皇恩深重。他的夫人曹瑞琴雖是家庭婦女，卻深明大義，屢次勸他順應大勢，擁護共和。她不僅端莊牌亮而且明事理。

「牌亮」這個詞，源於滿語，屬於轉意音，錫伯語當中也有這個詞，譬如老北京人話中常說：這個姑娘真的牌亮，是漂亮、美麗的意思。

宣統遜位後，張勳的妻子察覺張勳始終圖謀復辟，多次勸阻他：「你看民國政府又沒虧待你，再說溥儀早已遜位，你何必死保皇上，自討苦吃呢？」

據說，張勳的妻子多次拽住張勳的衣裳，長跪不起。張勳帶領「辮子軍」打進北京時，曹夫人又入京前來百般勸阻。她見張勳和康有為每天密謀到深夜，便讓兒子和下人晝夜伺候在康有為面前，名曰伺候，實則監聽。

等張勳回到臥室，張勳的妻子領着子女，齊刷刷跪到張勳面前痛哭失聲，央求他和家人返回徐州。對此，張勳勃然大怒。

逃到荷蘭公使館的張勳

　　張勳是個農民出身，復辟當日被溥儀封為王爺，簡直樂壞了。據說，他回到家裡，滿面笑容，對夫人說，今天被小皇上溥儀封為「王爺」了。沒料到，卻被夫人破口大罵。

　　然而，失敗的結局果然不出所料，還真讓妻子說中了。曹夫人早就預料到復辟必敗，自知無法挽回，事前便私下派出信任的一位姪子攜三十萬銀票，前往廣州親手贈送孫中山，好為張勳和後輩鋪一條後路。

　　幾天之後，張勳逃入荷蘭公使館，復辟之夢徹底結束。張勳逃到荷蘭使館，還帶去了為他生下兒子的小老婆。於是，世上留下了當時張勳在荷蘭公使館懷抱兒子所拍攝的一張難得的彩色照片。預料復辟失敗者除曹夫人外，另一位則是端康老太妃。溥儀聽說老太妃反對，但正值鬼迷心竅，不予理睬。

　　張勳復辟的頭一天晚上，端康太妃聽說這一消息，想竭力阻止。一是，老太妃直覺認為，復辟無望。二是，只想暫居宮內活命，唯恐因張勳這麼一攪和，皇室優待條件被廢止。而斷了以後的活路，於是，她在宮中痛哭流涕地說：「我瞧張勳和康有為弄的這個『復辟』，凶多吉少。還真沒準兒葬送了我們孤兒寡母的性命哪！」老太妃的鼻涕、眼淚一起流，她的哭聲，成了復辟失敗的前兆。

　　最後，還要講到兩個騙局。一是溥儀被張勳所騙，張勳事先和溥儀咬了一番耳朵，稱各省督軍都在一條黃緞子上簽了字，擁護宣統復辟登基。結果，據說在馬廠誓師討伐張勳前兩天，簽字的黃緞子就奇怪地消失了。另外一個，則是張勳被騙。

復辟第二天，張勳大權在握。此前，各省督軍代表曾在一張黃緞子上紛紛簽名，支持復辟。

不料，段祺瑞等黎元洪一下台，即在馬廠誓師征討張勳。簽字的黃緞子早被馮國璋的心腹胡嗣瑗，用二十萬元價錢買走。復辟這場戲還沒開場，就注定了失敗結局。只有張勳被蒙在鼓裡。

解密「復辟」歷史真相

當內務府頒佈《清帝遜位詔書》之際，溥儀終於忍不住，做出了令人吃驚的發洩。他百感交集，痛哭失聲。據說此後多日，溥儀極為沉悶，一言不發，表現出一種複雜多面的性格。

再說溥儀復辟的主謀者張勳在復辟兵敗，從荷蘭使館逃出來之後，在天津與小德張再次見面，淚流滿面，追悔莫及。由此，張勳畢竟大大傷了元氣，終於抑鬱而死，於 1923 年 9 月病逝於天津。

溥儀聽到張勳死後，立即親自頒旨，賜其「忠武」二字，賞其陀羅經被，並指派叔叔載潤親自祭奠，還為張勳撰寫碑文，追封其為「太保」。這和乾隆賜和珅的封號一樣，可見溥儀對張勳的重視。

復辟失敗真相

客觀地看，溥儀在復辟當中倒辦對了兩件事：

一是，復辟第二天，張勳大權在握，提出嚴禁權貴干政。載灃一聽就急了，直奔養心殿找到了溥儀。不料，溥儀在帝師支持下，一下就把父親載灃頂了回去。

黎元洪
（1864 年—1928 年），字宋卿，
湖北黃陂人。人稱「黎黃陂」。武
昌起義時，任革命軍湖北軍政府都
督。南京臨時政府成立時，當選為
副總統。袁世凱死後，繼任大總
統。晚年投資實業。黎元洪是中國
歷史上唯一兩任大總統及三任副總
統的人。

　　二是，起初總統黎元洪拒不交出權力，作為兒女親家的梁
鼎芬，當面找去而結果碰了壁。他氣火火地向溥儀提議：請皇
上將黎元洪賜死。而溥儀頭腦並沒發熱，而是冷靜地說：「人
不能沒有良心。民國政府不僅開恩赦我不死，而且優待我和皇
族，有鑒如此，我怎麼能恩將仇報呢？ ……」

　　如此避免了激化矛盾。一個十二歲的小孩兒，能說出這種
明白話來，着實不容易！

　　最終溥儀及宮中老太妃的命倒是保住了。但結局果然不出
兩個女人預料，一敗塗地。在關鍵時刻，奉系張作霖雖與張勳
是兒女親家，卻沒派出一兵一卒。張勳所依靠的盟友一個沒指
上，致使復辟鬧劇慘淡收場。

　　這場醜劇上演過後，鼎力支持張勳復辟的康有為，有感而
發寫了一首詩，記載了他親歷的復辟過程的複雜心情：

圍城慘淡睹龍爭，蟬嘹聲中聽炮聲。

諸帥射王敢傳檄，群僚賣友竟稱兵。

……

　　這首詩裡，反映了複雜的史實。「群僚賣友」這句詩，已赫然點破了溥儀所不知的歷史謎底。

　　鮮為人知的是，康有為在張勳復辟之後，遂將字「更生」，改為字「更甡」，無外乎蘊含着「野火燒不盡，春風吹又生」的寓意，為其希望再次得到重生，以牢牢記住這次失敗的教訓。頗值得注意的是，直到去世前幾天，康有為還始終以此「字」用於書信的落款。可見，他對於世人不理解這次失敗的「君主立憲」，並不甘心。

　　小勝在智，大勝在德。張勳逆天下之德，豈有不敗之理？幾十年後，溥儀在自傳《我的前半生》裡這樣寫到了內心的獨白：「在紫禁城看來，只要能捉住老鼠，花貓白貓全是好貓，無論姓張姓段，只要能把復辟辦成，全是好人。」

　　這一語道破了溥儀內心的本質想法。張勳復辟失敗後的溥儀，是否放棄了原有的想法？

溥儀的夢還沒醒

　　無人不知，溥儀身邊有一位英國帝師莊士敦，他對這位洋帝師極為信任，還把拆閱國外來信的重要事項全交給了他。凡是莊士敦認為有意思的信，他看後都及時呈報溥儀親閱。

　　一天，莊士敦接到一封來自國外的信件，對方自稱是前俄國沙皇，如今流亡美國。在這封長長的來信中，這位前沙皇聲

稱打算建立一個退位皇帝協會，探討如何復辟皇位。

讀過信後，溥儀非常興奮，對莊士敦說：「你瞧，這封信很有意思啊。如果把所有退位的皇帝集中在一起，再讓每人都學一種樂器，那就有了各國的特色。這可以組織一支管弦樂隊，成員都是過去戴過王冠的各國皇帝……」

見溥儀說到這兒，莊士敦又提出了異想天開的新建議：「我倒認為，用漂亮的牡丹花替代早已經失去的皇冠，倒真是最有趣的事兒。皇上使用的樂器，可以從乾清宮舉行慶典使用的鑼、鼓、磬這些樂器中挑選。這些皇帝聯合演奏的音樂，效果不見得比歐洲音樂會的管弦樂隊差嘛。……據我看，這個由愛好音樂又頭戴花冠的退位皇帝組成的協會，可以設在一個荒無人煙的小海島上，組建一個獨立的國家。如果這個國家的政體採用共和制，就從這些退位的皇帝當中選出一個總統，那就更有趣了。」

溥儀聽後，表示贊同且感到興奮。由於見解相同，兩人關係變得如膠似漆。僅舉一例。溥儀曾從宮內派一名太監，要求給莊士敦送一封信並當面親交本人。哪知，這位太監見到莊士敦，拿出一柄寶劍，一本正經地對他說：「萬歲爺賜您一柄寶劍，讓我稟告您，皇上授權您可以隨便殺掉任何人……」

莊士敦大吃一驚，將信將疑收下了這柄有生殺予奪權力的「尚方寶劍」。

過了沒幾天，莊士敦再次進宮，溥儀鄭重地問起接到了那柄劍沒有，莊士敦實事求是做了回答。此後的 1931 年，莊士敦作為英國代表團成員從英國抵達中國參加太平洋會議。溥儀即將當上偽滿洲國「執政」，見到莊士敦時，仍然一本正經地

追問起那柄寶劍：「我問你，你使用過朕授予你的權力沒有？」

聽到溥儀的問話，莊士敦連忙稟報：「皇上啊，到目前為止，我那柄劍仍然沒沾過血跡。」

溥儀又笑了起來。莊士敦將此視為溥儀獨有的幽默。因為，溥儀這位遜清皇帝，自己都無權殺人，怎麼敢授權帝師殺人呢？

在宮內，溥儀視莊士敦為難得的「知音」。皇位和復辟，似乎成了倆人永恆的話題。溥儀甚至一再談起生母瓜爾佳氏死前的遺囑——復辟大清王朝。

一天，溥儀在養心殿隨手遞給莊士敦一本書，「你瞧瞧吧。」莊士敦低頭一瞅，溥儀送給他的是一個劇本——《復辟潮》。

莊士敦疑惑地問起溥儀：「這是送給我的嗎？」「

是啊，這本書就送給你了。」

莊士敦再仔細一看，這本書上既無作者姓名，也無出版社和出版日期，顯然是一本私人自費印刷的「非法出版物」。溥儀侃侃而談這部有關張勳復辟的劇本。在莊士敦看來，溥儀並沒對書中復辟失敗的客觀描寫發火，卻為這樣一部記述溥儀重登龍椅的劇作而興奮。

溥儀和張勳同是被騙之人

張勳復辟的歷史真相大白於天下，是在二十世紀五六十年代。溥儀讀過張勳復辟的文史資料選輯，才了解了復辟幕後的真實故事。

在 1917 年發生的「府院」之爭中，段祺瑞遭罷免，發誓

段祺瑞
（1865 年—1936 年），字芝泉，晚年號稱「正道老人」，安徽合肥人，人稱「段合肥」，民國著名政治家，號稱「北洋之虎」，皖系軍閥首領。號稱「六不總理」，曾四任總理，四任陸軍總長，一任國家元首。

報復黎元洪，派人遊說張勳派兵入京趕黎元洪下台，恢復段祺瑞總理之職。但張勳提出，前提是溥儀復辟「登基」。段祺瑞先是表面應允，暗中策劃，待推翻黎元洪之後再另行解決張勳。各省督軍代表遂在一張黃緞子上紛紛簽名，表面同意張勳實施復辟。

段祺瑞等黎元洪一下台，立即在天津馬廠誓師征討張勳。張勳大為光火，並隨即吩咐手下，讓把各省簽名的黃緞子拿出來，讓全國各界評理。哪知，黃緞子早就被溥儀身邊的謀士亦是馮國璋的心腹胡嗣瑗，用二十萬元的價錢買走，親手交給了馮國璋。

最終張勳兵敗之後，他所帶領的辮子軍全部剪掉了辮子，領取遣散費後，被遣散回鄉。

復辟這場戲剛打起鑼還沒正式開場，就注定了失敗的結局。這場動用數萬人的戰爭，究竟死傷多少人，眾說不一。只

有一個具體的數字，是時任民國總統政治顧問的外國記者莫理循的記載：十來天的戰鬥中，傷亡人數共二十五人。當然也有人提出過異議，但客觀地看，雙方傷亡不超過幾十人是相對真實的。

有意思的是，據說，有人事後找到討逆軍的一條暗中指令：不得傷害張勳的妻兒。

上文中曾提及溥儀曾贈送莊士敦《復辟潮》一書。讀完這本書的莊士敦，恍然大悟。劇本結尾是，張勳在復辟失敗逃往荷蘭使館前夕，仍然去觀見皇上溥儀。

顯然，在溥儀的眼裡，張勳是一位有擔當的、失敗的「英雄」。當溥儀數十年後，讀過張勳復辟真相的文史資料時，對於當初的看法，恐怕又有了改變，乃至對於甚麼是英雄，或許也有了新的感悟。

自古以來，對於甚麼是英雄，眾說不一。客觀地來看，順應時勢而非倒行逆施，推動國家制度進步，使老百姓更加幸福，皆可稱得上歷史的英雄。值得回味的是，昔日張勳復辟的一場「鬧劇」，成了一齣在京城隆重上演的歷史「醜劇」。

溥儀夢想復辟而招來張勳及其辮子兵，誰承想，此後他卻咔嚓一剪子鉸掉了腦後的長辮子。這可是有違祖制的非同小可之事。

儘管太妃和帝師死命勸阻，但溥儀拿定了主意。溥儀拿起剪刀，親手剪掉長辮子。隨之又讓剃頭太監給他剃了一個光頭，成為第一個在紫禁城剪掉長辮子的皇上。

皇上自斷「劣根」

歷史就是這麼有趣。剪掉長辮子竟成了遜清宮廷進化的標誌。

1919 年 3 月，莊士敦進宮教授溥儀英文，宮內隨之發生一系列風波、剪辮子即其中之一。說到底，洋帝師的影響只是其中一個重要誘因。

皇上因何剪辮子

洋帝師莊士敦進宮不久，深受溥儀欣賞，被破例授予頭品頂戴。他在宮內總是一身黃袍馬褂，十分神氣——據國舅潤麒回憶說，莊士敦穿的不是明黃，看上去挺扎眼。他還在西山櫻桃溝修建了一幢幾間北房的別墅。值得一提的是，溥儀對此欣然親筆題匾「樂靜山齋」。前幾年，筆者去這座別墅考察，聽到當地老鄉對這位洋帝師印象並不壞，因為他出資在山頂修建了一座亭子及道路，成了當地一景。內務府還在地安門油漆作胡同，特意為莊士敦租了一座四合院。

伴隨洋帝師進宮，遜帝溥儀的交際發生了哪些較大變化？最重要的是這樣三件事：

一是，溥儀讓洋帝師莊士敦邀英國司令官進宮參觀，還多

次邀請為慈禧太后畫像的卡爾前來宮裡做客。二是,上海的猶太人哈同夫婦也在端康太妃出面招待下,與溥儀見面。三是,印度詩人泰戈爾和中國著名詩人徐志摩來宮內觀見「皇上」。這些都為溥儀帶來了潛移默化的影響。

而對溥儀產生直接刺激的是有一天洋帝師和他聊天時,把他頭上的辮子諷刺為「豬尾巴」。實際早在民國二年,內務部就曾多次致函遜清內務府,要求宮內人剪掉辮子。按照溥儀的話來說,紫禁城內仍舊是一片辮子世界。

遜清宮廷內的不少人多次前來請示溥儀,於是他便索性發下了一道諭旨:剪髮自由。在此期間,警察廳時常派出巡警到各王府督促剪掉長辮子。據說,溥儀一位族兄奉恩輔國公溥葵向溥儀稟報說:民國政府通知,旗人如不剪掉辮子,當官的立即免職,而且停發工資。

溥儀起初不太相信。可事隔不久,溥葵派人上街採買東西,幾名巡警跑過來令其立即剪掉辮子,此人正在猶豫之際,旁邊已有兩人被強制按在地上剪掉了辮子。此後,溥葵又進宮向溥儀詳細報告了此事(據說溥葵在溥儀出宮後兩年後即去世)。

於是,宮內的對抗情緒隨之而來。內務府做出了相反規定,無論誰出入神武門必須檢查有無辮子,無辮者一律不能進出宮禁。頓然,宮內外一時大嘩。

然而,洋帝師莊士敦厭惡宮內人腦後的長辮子,多次當面譏笑溥儀。於是,溥儀忍受不住冷嘲熱諷,剛一提出想剪掉辮子,哪知卻遭到各方的強烈反對:大清皇帝怎麼能沒有辮子?眾大臣和老太妃聞訊,紛紛前來養心殿百般阻攔。

甭說宮內,據說當時民國參政院留長辮子的仍然至少有十

幾人，國史館內也有數十人沒剪辮子，這讓袁世凱很為難。因為早在《清帝遜位詔書》發佈之前，袁世凱就帶頭剪去了腦後的長辮子。幾天之後，《大公報》做了公開報道，這也成了他「順應時勢」的政治資本。

袁世凱登台變成民國臨時大總統後，遂下令國務總理徐世昌前去規勸遊說各處「剪辮子」。可不少清朝舊臣眼睛緊盯着紫禁城，無奈之下，民國內務部便給遜清宮廷——實質是針對遜帝溥儀發出了正式公函，奉勸溥儀帶頭剪掉長辮子。在多種勢力角鬥之下，溥儀始終遲疑未剪。宮內以溥儀為首，仍是一律留着那根長辮子。

轉眼，就到了1922年，溥儀已年滿十六歲。在這一年，溥儀面臨着兩件人生大事。一是，溥儀剪不剪腦袋後邊這根長辮子？二是，當年發生了另一件大事，即溥儀與溥傑開始合謀

溥儀與鄭孝胥、莊士敦等人

偷運珍寶、古籍出宮。這在中國歷史上留下了重要印跡。

溥儀對待剪辮子的態度轉變

遜帝溥儀剪掉辮子，非同小可。

滿族最初是遊牧民族，靠的是馬上得天下。據說，其祖上的習慣，是把前額的頭髮全部剃掉，在腦後邊留一根辮子，以適應遊走於草原上的放牧生活，這叫「剃髮蓄辮」。清朝初年為施行對全國的統治，清政權將此視為建國成功的標誌，這也便成了政治問題。據考，早在 1644 年清兵入關打入北京後，清政權便正式頒佈了所謂剃髮令：「今本朝定鼎燕京……剃髮歸順者，地方官各升一級，軍民免其遷徙。」

轉過年來的 1645 年夏季，戰亂廝殺起家的多爾袞再次頒發一道「剃髮令」，令漢族男子必須剃髮且梳起長辮子，這相當於一道死令：「全國官民，京城內外限十日，直隸及各省地方以佈文到日亦限十日，全部剃髮。」

如不照辦，遲疑者則視同「逆民之寇」，明令凡不照限令剃頭蓄辮的，格殺勿論，即留頭不留髮，留髮不留頭。

實際上，揚州十日、嘉定三屠，因剃髮問題而被屠殺的達數十萬人。由此舉國上下的男人腦袋後頭這根長辮子，一直留至民國才算結束。

這還留下一句老北京話，正月裡剃頭——死舅舅。據說，這是由於南北方口音轉換出現的諧音，清朝頒佈剃髮詔令是在順治四年正月，故而民間因剃髮思念前朝之事，故稱「思舊」。久而久之，竟然被誤傳為「死舅」。

據記載，在此之前的清朝末年，發生過這樣兩件事，對年紀尚小的溥儀刺激極大，亦是他親手剪掉腦袋後這根長辮子的重要原因：

一件是，載濤訪問法國時，據說外國記者當面質問皇叔頭上的長辮子，為甚麼不剪掉？載濤當場無法表態，只得遲疑地說，這恐怕要和兄長商量一下。此事經國外報紙一披露，外國人都將此當成了笑話。據考，其實早在宣統元年，十分開明的載濤便提議剪辮子，並得到蔭昌、載澤等王公大臣的擁護。宣統二年，皇叔載濤斷然決策，下令禁衛軍悉數剪掉辮子。這對於侄子溥儀的影響不可謂不大。

另一件事則是，曾教過溥儀騎射的叔父輩皇族大臣載澤，曾率團赴西方考察「憲政」。這四五十名清朝大臣，生怕外國人譏笑他們腦後留了一根「豬尾巴」，居然將近一半人，途中鉸掉了頭上的長辮子。自然，這在國內外引起了巨大反響。溥儀雖年歲不大，但也清楚地知道此事。

而辛亥革命提出了一個明確口號：驅逐韃虜，恢復中華。這可就把剪不剪辮子視作革命與反革命的分水嶺和試金石了。清朝二百多年來，男人常年習慣於腦袋後邊拖一根長辮，突然一下子讓全國男人統統剪掉辮子，談何容易？不僅遜清宮廷乃至民間也鬥爭激烈。彼時滬上乃軍人政權，公開張貼了一張公告，強令軍民一律剪掉那根長辮子，其中頗帶煽動性地寫道：「凡我同胞，一律剪辮。除去胡尾，重振漢室……」

顯然，這張公告在全國引發強烈反響，而且很快得到了各地響應。

溥儀如何看待民間剪辮子

歷來，一根長辮子被視為清朝政權的象徵。然而，以溥儀為首的清政權在是否剪辮子問題上，也發生了本質的變化。

辛亥革命之後，行將垮台的宣統王朝在 1911 年 12 月 7 日，向全國明確頒令：大清國民可選擇「自由去辮」。

可以想像到，全國隨即掀起一股剪辮子的熱潮，但也有一些人不情願剪掉這根長辮子，而如果在街上被看到誰留着長辮子，就可能被上前攔住而強迫剪掉。據說，特別有趣的是，上海有一位竭誠擁護剪辮子公告的「富二代」，被百姓稱之「大善人」，居然花錢僱來有名的理髮匠人，還在街上四處公開張貼告示宣傳：凡來他這裡剪掉長辮子的人，無論老少，不僅不收剃頭費，還另外免費請來客飽餐一大碗肉鹵麵條，而且信誓旦旦地保證肉麵質量。

風聞有此等好事，上海老百姓蜂擁而至，多數恐怕不是來剪辮子，而主要是吃麵來的。

據媒體報道，上海政權十分聽話，可謂一手軟一手硬，一邊勸百姓自行剪掉長辮子，一邊攔路強行剪辮子。儘管好話說盡，起初自願剪長辮者依然寥寥無幾。據聞，上海政府公然召開剪長辮子大會，在強迫半強迫之下數百人立馬剪掉了那根辮子，長長的辮子散落了滿地。

然而，由於軍警等人在街頭恣意強迫剪掉男人長辮子，於是意外引發不少流血事件。可也有乘亂起鬨的，凡是看到梳着長辮子的人，上去「咔嚓」就是一剪子。嚇得一些老實人多日不敢出門。上海人市場觀念厲害，有人以專業收購辮子為業，

一根辮子幾毛錢，沒多長時間就成了大款。

若説上海是軟硬兼施，那南京政權則強令執行，不聽者，殺無赦。據記載，當清朝垮台之後，南京民國臨時政府公開發佈了一道措辭更為強硬的禁令：「今者清廷已覆，民國成功，凡我同胞未去辮者，於令到之日起，限二十日一律剪除淨盡，有不遵從者，以違法論處。」（引自南京民國臨時政府第二十九號令）

據説在南京，常有人手拿一把剪刀佇立於街頭，見到往來行人有長辮子，上去就是一剪子。自然也有不願意剪的，一群人蜂擁而上，強按牛頭愣喝水，一剪子下去就算完事。

以上各地發生的這些「剪辮子」事件，溥儀應當説知道得很清楚。他打小就養成了一個習慣，每天看各種報紙，對宮外的民間情況了如指掌。他還對國舅潤麒津津樂道地談起報紙上有關「剪辮子」的各類花邊新聞。當1917年張勳復辟之際，街上流行長辮子。溥儀內心再明白不過，他和皇室生怕激化社會矛盾，釀成社會動亂，凡宮內來請示是否「剪辮子」，都被告知：「剪不剪辮子，你自己説了算。」

而號稱誓死忠於大清宣統的辮帥張勳，則稱軍隊凡不留長辮子者，一律不發軍餉。那時，辮帥張勳進宮時，曾專門讓溥儀看自己腦袋後的大長辮子，説是耿耿此心。接着，端康太妃見到仍然留着長辮子的張勳，也是被感動得流淚不止，張勳復辟失敗後，至死仍然留着那根長長的辮子。

雖然宮外社會上剪辮子熱鬧非常，可是，宮內一點動靜沒有。因為溥儀沒剪，上行下效，宮內外都看溥儀眼色行事。儘管內務部不止一次給宮內發出公函，溥儀身邊的大臣總找種種

理由拒絕執行。溥儀很相信他的洋帝師莊士敦。當他就剪辮子之事請教莊士敦時，洋帝師依然像往常一樣，晃着腦袋，反問起溥儀：「我不明白，中國人的長辮子有甚麼好處呢？……」

溥儀啞口無言。不料，內務府大臣世續卻另有一個說法，出入宮門辮子是最好標誌，無辮者不得進宮。莊士敦聽後，哈哈大笑，這不是胡說嗎？還要不要腰牌呀？溥儀也覺得這種荒唐的理由的確是歪理。儘管太妃和帝師死命勸阻，但溥儀早已拿定了主意。

誰也沒料到，恰恰在紫禁城內第一個剪掉長辮子的居然是遜帝溥儀。1922 年初春的一天上午，溥儀叫來剃頭太監，吩咐道：「過來，你給朕剪掉辮子！」

這個太監原以為聽錯了，溥儀見他愣着不動，立即板起臉來，厲聲責問說：「你難道沒聽見朕的話嗎？」

溥儀剪下的髮辮

聽到此話，這個太監嚇得面無人色，跪地哀求，溥儀見他嚇成如此模樣，頓然雷霆大怒，大喝一聲：「來人哪！……」並讓另外一個太監拿來一把剪子，溥儀乾脆自己拿起剪刀，毫不猶豫地咔嚓親手剪掉了腦袋後的長辮子。接着，他隨之讓剃頭太監給他剃了一個光頭。

究竟溥儀不想拖着一條封建長辮子，自剪辮子為見哪個人？溥儀的父親載灃以及載濤、載洵此前已剪掉辮子。相對而言，溥儀乃是家中剪辮子的落伍之人。

護軍如何檢查進門人員武器？把守紫禁城大門的護軍，懷中暗藏一種「陰陽磁葫蘆」，檢查進宮人身上是否帶有鐵質暗器。但護軍由於接受賄賂，購買的低劣品根本無效。冬天揣在懷裡冰涼的大塊磁鐵，只冰着自己的身子，遂成一個笑話。

遜帝號召京城各界募款賑災，對外開放地壇賣票供遊人參觀。皇家廟壇意外變成了平民可以遊逛的公園。

第十四章

沒有辮子的皇上

筆者珍藏着一本民國年間的珍貴攝影集，上面有一幅照片就是溥儀在宮中剪下來那根黑色長辮子。對於剪辮子這天，溥儀的二妹韞龢記憶深刻，因為溥儀剪掉辮子，宮內亂成了熱窯。

溥儀自剪辮子為見哪個人？

並非沒有人反對剪辮子，幾位老太妃一看溥儀剪掉辮子果然是真，便痛哭流涕。京城內外那些王公大臣和遺老遺少聽說後，極為驚訝，也一再唉聲歎氣。溥儀在《我的前半生》中曾回憶說：「太妃們痛哭了幾場，師傅們有好多天面色陰沉。」

溥儀剪掉長辮子為見誰？不久，5 月 30 日，溥儀在養心殿首次會見著名學者胡適。原來是溥儀不想拖着一條封建長辮子，來見現代大學者胡適。

就在溥儀剪掉長辮子兩週年那一天，1924 年 4 月 27 日，溥儀又在宮中會見了印度詩人泰戈爾。對此，國舅潤麒記憶猶新。由於事先叮嚀過，他陪同會見時變得彬彬有禮，沒出任何亂子，還與溥儀和泰戈爾一起在宮內的御花園等處合影留念。從照片上，依然能看出他眯縫着小眼睛的頑皮模樣。

溥儀和泰戈爾合影

溥儀在半年前，由莊士敦領來一位外國眼科醫生為他配上了第一副近視眼鏡。這時的遜帝完全是一副洋派的打扮。

見到溥儀剪掉了長辮子，他的伴讀毓崇，開玩笑地說：「皇上，您的長辮子剪下來，可以賣給西洋婦人當假髮，倒是可以賺得一筆大錢嘛！」

溥儀把毓崇這話視為一種諷刺，聽後極為不高興，斥責他為「勺道」。該詞實際上是一句老北京話，最初源於滿語。意思是：馬顛行，即馬行不穩。滿族人認為，真正良馬必須又快又穩。後來老北京就用「勺道」或「勺勺道道」形容某人說話囉嗦。

眼見溥儀剪掉了長辮子，皇弟溥傑、皇侄毓崇等幾位進宮伴讀，很快也都藉口「奉旨」陸續剪去了長辮子。

據統計，在溥儀剪辮子之前，宮中至少還有一千五六百條長辮子，由於溥儀帶頭剪辮子。沒幾天工夫，上千條長辮子全

穿洋裝戴眼鏡的溥儀

部消失。唯有溥儀的三位中國帝師和幾名內務府大臣仍然留着
長辮子，遂成遜清宮廷的古化石象徵。

　　自然，溥儀剪辮子立馬成了轟動一時的新聞，中外媒體紛
紛報道。數上海媒體的報道最簡捷，1922 年 5 月一天的《申
報》上，赫然刊登了一條僅六個字的簡短新聞：「溥儀昨剃辮
子。」當初清兵殺戮百萬百姓而剃頭蓄辮建立起的清王朝，伴
隨辮子落地而改朝換代，足以給世人以啟示。

　　而溥儀雖遜位已久，但內心依然把自己看成與眾不同的天
子，仍夢想有朝一日重登皇帝的寶座。

沒辮子的「遜帝」

　　雖然溥儀頭上的長辮子沒了，宮內外依然有不少人視他為
真龍天子，千方百計想得到溥儀賞賜的黃馬褂。

剪掉辮子後的溥儀

　　有一個經常出入宮內非常有名的商人，叫王九城（溥儀在《我的前半生》中誤以為是他的名字。據老太監孫耀庭回憶説，這是此人的外號，意思是説他像王爺那樣聲震九城）。人很聰明，跟各方上上下下都熟悉，主要財路是向軍閥賣軍火，發了大財。他出身卑微，日夜夢想得到一個皇上賜的黃馬褂。他信奉錢能通神，以錢開路。他靠打通太監，結識不少遜清大臣。他靠錢疏通了溥儀身邊各個環節，最終受到溥儀賜見，賞了他一件黃馬褂。

　　溥儀在《我的前半生》中講過，在宮中騎車差點撞倒一個管電燈的人（寧壽宮電燈公所是中國第一個供電機構）。只見此人身穿紫坎肩，跪地不起，口稱，小的給皇上請安，並説有福氣遇到了真龍天子，請求溥儀賜給他一個爵位。此時，溥儀想起太監告訴過他，老北京街頭要飯的有一個別稱，於是封他為「蹲橋侯」。結果這位蹲橋侯找到內務府硬要討封賞，人家

樂了，那是皇上開玩笑呢。他說，皇上是金口玉言，哪兒能說話不算數？最終這事還傳到了溥儀的耳朵裡，他大笑不止。

其實，溥儀只是一個關門皇上。他夜裡總是偷偷騎着車，帶着兩個太監溜出東華門，沿着東安市場轉悠兩圈，有時還悄悄騎車去看望七叔載濤。他不敢聲張，拚命躲着老太妃，於是被太監稱為「夜遊神皇上」。

如果說，前幾年，還靠那根辮子作為入宮的識別條件之一。那麼剪下辮子之後，還有甚麼識別手段？不僅一般人不知，連溥儀也不知道。

神秘的「陰陽磁葫蘆」

溥儀始終不知八旗清兵乃至宮內的親兵，究竟糟到了何種地步。數十年後，直到遇到侍從趙蔭茂，他才得知當年護軍的真實情形。雖然護軍有槍支，卻大多生了鏽，拉不開栓，每天只是應卯站崗，一次站崗六小時，每五天休息一次，其他時間便吃喝嫖賭抽大煙。安分一點兒的護軍，則在宮內紮牙刷、糊洋火盒，做小買賣。而作為護軍統領的毓四爺，甚至還在京城內開了一個生意紅火的槓房。

那麼守衛故宮的護軍，如何檢查進宮人員武器呢？這要說起一件局外人不知的特殊物件——陰陽磁葫蘆。當時，進出宮內一般採用搜身方式，但對品級較高且被皇上召進宮者，無法一一搜身檢查。而晚清末年，又普遍出現了手槍等現代短兵器。據說，有位京城高人出主意，發明了一種磁鐵檢查法，即佇立在宮門兩旁的護軍身上，各藏有一陰一陽兩個磁葫蘆。如

果進宮之人，身上帶有鐵質等武器的話，就會被「陰陽磁葫蘆」吸住而產生反應，而被立刻檢驗出來。

可是，後來發現，即使有人身上帶了鐵器也檢查不出來。再一仔細深究，問題出在宮內，宮內人接受賄賂，買了低劣的磁葫蘆，根本無效。乃至冬天悄悄揣在懷裡的冰涼的大塊磁鐵，只是冰着自己的身子。

聽完趙蔭茂的回憶，溥儀隨即問他：「當初出入紫禁城，需要哪些憑證？」

聽到溥儀的問話，趙蔭茂頓時笑了起來，說：「您是皇上，沒人敢攔您。我們在宮內進出，一般都要驗腰牌哪。」

腰牌究竟甚麼樣？早先有的是木質的，上面烙着專門的印記。到晚清末年，便簡化成牛皮紙質了。

再說兩件與溥儀有關的趣事。在故宮中有一座本已不復存在的宮殿「水晶宮」，正名叫延禧宮。遜位的溥儀，曾打算在這裡建一座與國際接軌的水族館，最初設計是一個多層歐式建築，周圍用雙層厚玻璃製成，要在雙層玻璃中飼養全世界各種新奇魚類。

溥儀曾經多次來這裡極感興趣地巡視，端康太妃也時常來這裡騎自行車。據說，因發生一場火災，再者因為資金緊缺，這座「水晶宮」一直沒能建成。最終因為溥儀被趕出故宮，這裡就成了荒棄多年的「爛尾工程」。上世紀九十年代，筆者陪末代太監孫耀庭重遊故宮，他才披露了這則真實的歷史舊聞。

而溥儀也無意間做過一件有利於百姓的好事兒。二十年代初，日本發生了近八級大地震，溥儀聽說之後，馬上讓內務府從建福宮中挑選一些古玩、字畫，裝滿一百箱後運往日本賑

災。溥儀可謂用心良苦，只為了極力不讓世人忘記還有一個「宣統皇帝」。同時，也在巴結日本這個潛在的「靠山」。溥儀號召各界募款賑災，可從哪裡籌集這麼多錢呢？

由於京城的天、地、日、月壇，是皇家祭拜天地的家廟。於是，溥儀煞費苦心想出一個主意，對外開放京城北邊的地壇，賣票供遊人參觀。由此，這座皇家壇廟就變成了一座平民可以購票遊逛的公園。再看公園內，老百姓的腦袋後邊早已不見了那根長辮子。

溥儀自剪其辮，算是適應歷史潮流。然而，其內心的辮子，雖剪猶在。

由於一個「錢」字，皇上的婚事兒僵那兒了。誰料，溥儀大婚籌資第一招居然打算賣掉《四庫全書》。甚至低三下四派一位皇親向日本駐京公使詢問願否購買「奉天版」。這件事兒，溥儀始終沒寫入《我的前半生》。

溥儀下令，讓張謙和等太監開啟乾隆皇帝去世前「封藏」數萬件國寶的建福宮封條。豈料，以北京大學教授沈兼士、馬衡、周作人為首的七名教授公然站出來，發表了一份嚴正聲明《為清室盜賣四庫全書敬告國人》書，明確要求政府立即派人查清此事，矛頭直指溥儀。溥儀是否放棄將《四庫全書》賣給日本人的打算呢？

注：本章部分內容參考溥傑、孫耀庭的回憶；葉秀雲《遜清皇室抵押、拍賣宮中財寶述略》；付一強《黑龍江史志：〈溥儀出宮前夕宮廷文物的抵押與流失〉》；沈兼士等《北京大學日刊：〈為清室盜賣四庫全書敬告國人〉》。

第十五章

遜帝欲賣國寶《四庫全書》

眼看溥儀婚禮將近，由於宮內沒錢，只好打起了《四庫全書》的主意。

皇上大婚籌資

溥儀大婚籌資的第一招居然是打算賣掉《四庫全書》，因為《四庫全書》是其祖先乾隆皇帝的畢生心血，所以這件事兒，溥儀始終沒敢寫入自傳《我的前半生》中，而僅在書中以曲筆方式寫道：「鄭孝胥的開源之策，想把《四庫全書》運到上海商務印書館出版，遭受當局的阻止，把書全部扣下了。」

那麼到底是印書還是賣書？事實真相，果真如溥儀在《我的前半生》所說的嗎？完全不是。查看歷史記載，可以清楚地看到溥儀在此處撒了謊。經查看鄭孝胥原始日記，直到溥儀出宮後，鄭孝胥仍確有出版《四庫全書》的打算，但與溥儀賣掉《四庫全書》是兩碼事。這也反映出此事引發的社會反響巨大，以及溥儀避重就輕的真實心態。

當時皇上即將大婚錢卻不夠，溥儀召來各位帝師前來研究對策。結果有人出了一個餿主意，辦法只有一個字——借。

　　無奈之下，溥儀只能親自發話，讓內務府出面向各大銀行和商鋪借錢，但明擺着溥儀哪有還款能力？談來談去，只好拿宮中珍寶當成抵押物。陸續，遜清皇室以這種厚臉皮的方式，先後向京城各大銀行借款百萬兩銀子以上。

　　説來溥儀怎麼能錢不緊呢？僅拿「吃」這項來説，自從遜位以來，遜清宮內始終維持過去的「御膳房」。他受西方影響，還建起了一個專做西餐的「番菜膳房」，開支驚人。據説1921年以前，每年宮內平均開支都不少於三百六十萬兩銀子，寅吃卯糧，入不敷出。還有一個確切的數字，即在溥儀結婚前一年，不算日常花銷，僅算內務府的恩賞一項，共計年支出八十七萬零五百九十七兩銀子（見溥儀《我的前半生》未定稿）。

　　溥儀既然委託皇叔載濤全權籌辦大婚，商量來商量去，還是按照皇叔載濤的主意，在京城的報紙上刊登廣告，出售宮內的國寶《四庫全書》。《四庫全書》是由乾隆主持編纂的一套規模巨大的歷史叢書，歷經多年才完成，擇選國內優秀書法人

四庫全書總目

才，先後謄寫了整整七套。分別收藏於北京紫禁城、圓明園以及奉天（即如今的瀋陽）、承德、杭州等七處。然而，可惜遲至民國時期，《四庫全書》僅剩下完整的四套，此乃真正的國寶。為了防止再發生意外，民國政府遂在 1914 年把瀋陽那套《四庫全書》專門押運到京城，小心翼翼收藏在故宮的三大殿內。

1922 年 3 月的一天，上海《時事新報》和北京各大報紙登載了一則消息：清室準備把奉天版全套《四庫全書》以百萬元高價對外「出售」。溥儀唯恐這樁生意落空，還特意派了宮內府大臣逐一向駐京各國使館詢問買主。同時，還專門派一位熟悉日本人的皇親前去向日本駐京公使接洽，低三下四地詢問日本人願不願意購買這套奉天版的《四庫全書》。

哪知，當內務府打算賣掉宮藏珍版《四庫全書》的消息一經傳出，一群富有正義感的北大教授得知，連夜串聯簽名抵制，溥儀在京城社會輿論重壓之下，只好召來皇叔載濤面授機宜，表面上趕緊停止了盜賣國寶的活動。

外人不知，溥儀對宮中珍藏國寶摸底早就開始了，他曾親派內務府大臣和幾位帝師以及第一位陪溥儀在南海瀛台讀書的啟蒙太監張謙和，協助查清各宮的奇珍異寶。

溥儀開啟國寶封條

據張謙和稱乾隆皇帝去世前，把畢生酷愛的宮中數萬件超級國寶收藏集中在一處且打上封條，全部「封藏」於建福宮內，任何人不可擅動。

而溥儀當即讓他同赴建福宮，一探究竟。結果，確如張

謙和所説，建福宮殿門上貼着厚厚的陳舊封條，多年來紋絲沒動。

溥儀下令打開殿門。於是，張謙和領着幾個心腹太監小心翼翼啟開了封條，推開門進去一看，殿內專用的收藏大躺櫃上，儘管塵土老厚，卻擺放得十分整齊。幾個太監瞧着溥儀的臉色，沒敢動手。這是宮內的規矩，皇上沒讓動，誰也不敢動。溥儀終於發話，開箱。他們發現裡面裝的都是乾隆皇帝在世時鑒賞過的宮廷珍寶。經清點，僅建福宮一處，各種古玩和珍稀古字畫至少有幾萬件之多，無一不是世間罕見的奇珍異寶，皆可算得上宮內頂尖級的古董。

不久，溥儀終於得到一個消息，日本人極欲得到《四庫全書》。因為日本人本來知道法國人過去曾購得部分不完整的《四庫全書》，一直心存羨慕，也可以説是虎視眈眈已久。

遜帝差點成了人民公敵

可以説溥儀此次的開啟國寶封條，誘發了上世紀最大的國寶流失案。

溥儀曾指令內務府派人去總統府交涉，請求民國政府把多年拖欠的銀子補發，以使大婚能正常籌備。從宮內檔案可以查到，民國財政部當時致函內務府略帶歉意地解釋説：由於民國政府財政實在困難，皇室優待費沒能按時撥發，為襄助宣統大婚，特意從關稅中下撥十萬大洋，其中兩萬塊算是民國政府的賀禮。實際上這十萬大洋仍難以彌補溥儀大婚的費用和債務，僅是杯水車薪。於是，溥儀無奈之下，便盯上了《四庫全書》。

沈兼士

（1887年—1947年），名堅士，浙江
吳興（今湖州）人。中國語言文字學
家、文獻檔案學家、教育學家。早年
遊學日本，從章炳麟問學。回國後歷
任清華大學、輔仁大學教授，北京大
學文學院院長，北大研究所國學門主
任等職。

　　聽到清室經濟緊張，打算賣掉這套宮藏奉天版《四庫全書》，據説日本公使館非常重視，當即給國內拍了一封電報。很快，日本國內明確指示務必把這套《四庫全書》弄到手。緊接着，日本派人跟宮內府進行多次頻繁的秘密交涉。

　　當溥儀為首的遜清皇室打算把國寶《四庫全書》賣給日本人的消息披露之時，1922年4月1日，以北京大學教授沈兼士、馬衡、周作人等為首的七名教授公開站出來，發表了一份嚴正聲明——《為清室盜賣四庫全書敬告國人》，將矛頭對準溥儀，「今愛新覺羅‧溥儀，竟膽敢私行盜賣與外國人，不但毀棄寶書貽民國之恥辱，抑且盜竊公產干刑律之條文。同人等身屬民國國民，斷不容坐視不問。茲擬請北京大學速函教育部，請其將此事提請國務會議，派員徹底清查，務須將盜賣主者，向法廳提起訴訟，科以應得之罪。」

　　他們強烈要求把《四庫全書》從故宮三大殿內轉移至其他

地方，以擺脫溥儀的控制。

瞬間，京城媒體掀起了一場「風暴」。本來張勳復辟那次，溥儀就遭到全社會反對，再要賣掉《四庫全書》，那豈不成了人民公敵嗎？溥儀左思右想，迫於國內各界人士強烈反對，只得被迫放棄了把《四庫全書》賣給日本人的打算。

對於這件事，連當時的軍閥也十分憤慨。據《鄭孝胥日記》記載，溥儀欲賣掉《四庫全書》，激起社會公憤，甚至有人公開提出廢止溥儀及皇族的《清室優待條件》：「今日報言，吳佩孚言於黎元洪，欲止皇室優待條件……清室聞之大恐。」

溥儀靠賣《四庫全書》籌措大婚費用失敗後，私下抵押了金編鐘。

民國內務部突然頒佈了針對清宮販賣古物出口而制定的「古籍、古物及古蹟保存法草案」。溥儀明知違法，事後只好把罪名推到已故岳父榮源身上。

金編鐘歷經劫難。溥儀被蘇軍俘獲，金編鐘知情者越來越少。國民黨軍統局長戴笠親自密令天津警察局長李漢元查找金編鐘下落。但李漢元把密令燒了。

天津解放後，胡仲文向天津市軍管會獻出了秘藏多年的金編鐘。金編鐘以及溥儀改造為新人的故事，成了流傳於世的歷史傳奇。

注：本章部分內容，參考採訪王乃文、潤麒等人；溥儀《我的前半生》未定稿；《天津文史資料》第十三輯、第二十五輯；張仲及郭鳳岐等人有關金編鐘的回憶。

第十六章

溥儀和金編鐘傳奇

　　鮮為人知的是，溥儀靠賣《四庫全書》籌措大婚費用這第一招失敗後，又實施了第二招。溥儀大婚前由於缺少資金，便私下用金編鐘等宮中珍寶，向北京鹽業銀行抵押四十萬元。北京鹽業銀行遂將金編鐘密藏在東交民巷保險庫裡。

　　這樣疑問就來了，一是有關溥儀抵押金編鐘等私下簽訂的合同，當事人提供是在 1924 年 5 月 31 日才簽訂。而大婚則在 1922 年 12 月 1 日舉行。二是，溥儀在《我的前半生》中寫道：「榮源把歷代帝后寶冊押進四大銀行。」

　　顯然，溥儀是在企圖撇清此事純屬榮源個人行為，而與自己無關。

　　那到底這與溥儀有無關係，甚麼才是歷史真相？這先要說到金編鐘等珍寶抵押的鹽業銀行。它創辦於 1915 年，創辦人是當代大收藏家張伯駒的父親——張鎮芳。他是河南項城人，清朝末年進士。曾任河南都督，總統府顧問。由於他是袁世凱的姻親，經袁世凱特批創辦了這家銀行，還在京、津、滬設立分行。可又如何扯上金編鐘這些稀世珍寶了呢？

溥儀大婚與金編鐘抵押

歷史真相是，籌備大婚缺錢的溥儀，在未來的岳父榮源操持下，實施了第二招，偷偷把宮內一些國寶，如金編鐘抵押變相賣掉換錢。

乾隆五十五年（1790 年），乾隆皇帝舉辦八十大壽慶典，其祝壽之禮是由一萬多兩黃金鑄造而成的金編鐘。令人稱奇的是，銅編鐘歷來以大小而定音域不同，可這十六隻金編鐘大小無異，每個鐘內卻含不同程度的銅質。這不僅是稀世文物珍品，也是康乾盛世的綜合國力象徵。

當時具體負責溥儀大婚籌備資金的叫鍾凱，是內務府郎中，由於不敢在京城活動，只好由他出面專程赴天津聯繫出售，不料，其他貪官唯恐他一人獨吞回扣，於是在報紙上披露了此事。最終，溥儀只好把四十多箱珍寶抵押給鹽業銀行。

在此之前，溥儀的岳父榮源與內務大臣紹英、耆齡等將一批珍貴文物以八十萬元抵押給鹽業銀行。其中金編鐘僅作價抵押四十萬元，月息一分，期限一年。榮源的具體聯繫人，就是岳乾齋。岳乾齋是京城大郊亭人，十五歲起就在東四牌樓元成錢鋪學徒，精通金融業，最終當上了鹽業銀行北京行經理。

那麼到底甚麼時間，宮中開始出賣或說抵押這些國寶的呢？據考，後來成為鹽業銀行董事長的張伯駒的證明是最可信的。他在 1966 年撰寫的文史資料中回憶說：「關於清室抵押的一批古物，大約在 1919 年以前，這些古物初由英國匯豐銀行抵押，後轉到鹽業銀行和大陸銀行。溥儀結婚時，又押了一批，計二十萬元，先後計六十萬元。」

金編鐘

　　這和溥儀大婚前籌資時間是基本吻合的。所謂溥儀婚後所簽合同，是為掩人耳目。至於溥儀將此歸為榮源的個人行為，顯然是溥儀丟車保帥的策略。溥儀在《我的前半生》中稱：民國內務部突然頒佈了針對清宮販賣古物出口而定的「古籍、古物及古蹟保存法草案」。溥儀明知違法，只好把罪名推到岳父身上了。此時，榮源已死去多年。

　　溥儀能將金編鐘等大量國寶抵押在這兩家銀行，這與大陸銀行的背景之一是張勳有重大關係。張勳是大陸銀行後來增加的第一大股東。張勳復辟失敗後不便公開出面，就讓參謀長萬繩拭的家人代他任董事。因為，這是使溥儀感到最放心之人。然而，隨着張勳病逝於天津，精明的岳乾齋遂把大陸銀行的國寶趁機全部轉入他把控的天津鹽業銀行。因在此之際，岳乾齋由北京鹽業銀行副經理，轉任天津鹽業銀行的經理。

因溥儀無力償還抵押利息，這筆款項連本帶利達一百多萬元，溥儀大婚前只得讓內務府又把宮內明清兩代的一批大小元寶，賣給了鹽業銀行。由於岳乾齋另有想法，始終不公開這筆錢的細賬。其實，民國政府與溥儀為首的清室早有約定，宮內珍寶絕不可賣出宮外。溥儀私下派岳父榮源到鹽業銀行抵押借款，純屬違法行為。鹽業銀行只能把金編鐘等珍寶密藏在最保險的外國使館區的銀行保險金庫。這樣在岳乾齋與總行經理幕後交易下，這筆珍寶便驟然變成了銀行體外循環的一筆私賬。他們還對外聲稱，若抵押到期則對外公開拍賣。

當溥儀聽說國寶即將變賣，可急壞了。一是宮內珍寶將失去，二更要命的是這將暴露其違法行為。溥儀立即直接派遣最信任的帝師陳寶琛出面，找到鹽業銀行的負責人，態度十分強硬：「這批抵押品是歷史文物，絕不能視為一般物品，應當妥善保管，絕不可以還不上款為由，自行處理。」

在來回交涉中，鹽業銀行聽出了溥儀的真正本意，就是清室無錢可贖。看得出，宮內的溥儀經濟上十分窘迫。談到最後，陳寶琛透露了溥儀的底牌。

國寶金編鐘的下落

顯然，溥儀的底牌是，銀行再付給他十幾萬元就算完事。但是，鹽業銀行根本沒搭理溥儀，而最終仍把國寶全部沒收。溥儀吃了一個啞巴虧。

不僅如此，這批國寶最終被兩個行長作低價收購，私自瓜分了。岳乾齋怕溥儀發現，又把慈禧和隆裕的金印以及數十個

慈禧封為貴人的、隆裕的純金冊封頁，悄悄拿到廊房頭條幾家金店全部融化賣掉。

1924 年，溥儀出宮到了天津。而僅隔幾條馬路的天津鹽業銀行，面臨如何處理清室古董抵押而不出意外的問題。

在此之前，銀行曾找過溥儀的七叔載濤，用錢封住了他的嘴，讓他出具一個偽證，説是皇室抵押品已贖回。迫於各種壓力，載濤只好照辦。

接着總行派北京行經理陳亦侯接任天津行經理並將金編鐘藏在京城。金編鐘的秘密交易不久被《京報》披露。

隨即，陳亦侯秘密將金編鐘轉移天津。突然間一天，陳亦侯家來了一位時髦的日本姑娘——日本駐津領事館副領事的女兒。她送上昂貴禮品，企圖弄清金編鐘下落。不料，陳亦侯一口回絕。

軟的不行，就來硬的。一群日本憲兵闖入陳亦侯家，翻了一個底朝天。結果根本沒找到甚麼金編鐘。日本人失望而去。當日本軍隊佔領天津法租界後，陳亦侯發去加急電報，請示鹽業銀行總經理吳鼎昌。萬沒想到的是，回覆電報僅一個字：毀！這一下把陳亦侯氣憒了。

陳亦侯找到朋友，天津鹽業銀行董事胡仲文，二人連夜把金編鐘裝入四個木箱，從法租界銀行地下庫房夾層轉移到英租界地下室。

金編鐘到底值多少錢？

不出所料，金編鐘前腳轉移，後腳日本人就到了。陳亦侯

被日本人抓起來軟硬兼施。關押多日後，由於沒任何證據只得無罪釋放。

　　溥儀對此甚麼態度？在《我的前半生》中找不到任何記載。但可以在鄭孝胥的日記中尋到線索。在 1929 年 9 月 29 日的日記中，鄭孝胥記載道：在溥儀處，「榮源勸仍可存款於鹽業（銀行），且云，岳乾齋甚可靠」。

　　金編鐘歷經劫難。1945 年冬，岳乾齋病逝。同年溥儀被蘇軍俘獲。金編鐘知情者越來越少。日本投降後，國民黨財政部長孔祥熙來到天津，派秘書來打探金編鐘下落。可巧他是陳亦侯的早年同學，還沒問起金編鐘，陳亦侯便以攻為守，剛一見面便大發起了脾氣：「我不知你們這些人安的甚麼心呵？掉腦袋的事兒扔給我，日本鬼子差點兒要了我命！過去讓我銷毀，如今是不是又找我來要？你們去找吳鼎昌吧，是他叫毀的！」

陳亦侯

陳亦侯把事兒全推到吳鼎昌身上，僥倖又逃過了這一劫。

之後，國民黨軍統局長戴笠親自指令天津警察局長李漢元查找金編鐘下落，説這些金編鐘屬於「敵偽逆產」，必須沒收。陳亦侯要以漢奸罪論處！

李漢元叫來陳亦侯，讓他直接看這張密令。陳亦侯問起他：「你説，它值多少錢？」

哪知，李漢元微微一笑，説：「依我看呀，頂多就值一根洋火棍。」

原來，早年陳亦侯曾經搭救過李漢元的性命。此時，李漢元當着陳亦侯的面，用一根洋火把密令輕輕點燃燒掉了。

新中國成立之際，陳亦侯正在上海。1949 年天津解放的第三天，胡仲文向天津市軍管會獻出了秘藏多年的金編鐘。不久陳亦侯從上海飛抵天津，表示這是他和胡仲文的共同心願。如今金編鐘已在故宮珍寶館正式展出。

遺憾的是，藏寶人陳亦侯於 1970 年病逝。1982 年，胡仲文病逝於首都醫院。年過七旬的郭鳳岐尋訪當事人並記載了歷史細節。金編鐘的故事，成了流傳於世的歷史傳奇。

何為文物？文以載道，物乃國寶。文物的價值，不在於物而在於人文。金編鐘的浮沉曲折，堪映百年滄桑。由溥儀大婚引發的曲折故事，耐人深思。

任誰也想不到，溥儀專門在景德鎮定製了大婚紀念碗，且特意作詩一首。其中一句竟是：「挑動天下反。」

婉容從榜上無名的一匹黑馬，搖身一變成了皇后，最初被圈定的皇后文繡卻降成了淑妃。

溥儀大婚：「挑動天下反」的 大婚龍碗

溥儀為籌措大婚過程，發生了一系列故事。這次講述溥儀大婚，側重講述人所罕知的歷史內幕。

溥儀大婚秘事

外人不知，為操辦大婚，溥儀親自指定皇叔載濤成立大婚籌備機構。載濤派人「援例」查閱《大清會典》及清朝歷代皇帝大婚原檔，尤其比對了光緒和同治皇帝大婚花費。最終確定按同治皇帝大婚禮數來辦，皆因同治大婚花錢最少。

客觀地看，溥儀的婚姻是不幸的。他的五個妻子均是從照片上挑選而來，婉容和文繡也如此。溥儀的皇后婉容，嚴格說來和溥儀竟然有血緣關係。若按照漢族的說法，他和婉容的婚姻實際是親上加親。這就引發出一個問題，婉容的生母到底是誰？現存三種說法。

第一種說法是，婉容的生身母親是慶親王奕劻的四女兒，也是慈禧太后的乾女兒。第二種說法是，婉容的生身母親是定郡王溥煦（乾隆帝長子定親王永璜的五世孫）長子毓長的四女

婉容的生母

婉容的继母和弟弟

兒。第三種說法是，婉容的生身母親乃是毓長的次女。

實際上，皇后婉容是毓長的外孫女，其生母就是毓長的四女，被稱為「四格格」。婉容的繼母是毓朗貝勒次女，人稱二格格，名恆香，又稱仲馨。

最初，婉容被「欽定」皇后，她母親不太願意，其父榮源反倒一廂情願。事實上溥儀在《我的前半生》中，刻意迴避了袁世凱和張作霖等人想把女兒嫁給溥儀細節。

值得注意的是，溥儀的父親在日記中，還記載溥儀在宮內看到了一個「密件」：「其結果，卻是優待條件既沒列入憲法，我也沒當上袁家的女婿。」（溥儀《我的前半生》）

外界不知的是，還有一位差點成為皇后的鐵格格，她是溥儀伴讀──毓崇的妹妹。鐵格格個子不高，扁圓的臉，長得很是端莊出眾，時常進宮來見溥儀。鐵格格還與韞龢和韞穎經常在宮裡玩耍，不僅跟溥儀混得極熟，也挺談得來，一聊就是半夜。在宮藏照片集中，有不少她與溥儀幾個妹妹的合影。鐵格格後來因病去逝。

世人不知，不僅國內不少遺老遺少的名媛向溥儀拋來橄欖枝，連國外不少漂亮的洋小姐也打起溥儀的主意。洋帝師莊士敦就接到過幾位外國女子來信，希望成為溥儀的皇后或妃子。他向溥儀提起這事，誰想，溥儀哈哈大笑。溥傑用過一個好笑的詞來形容溥儀──「奇貨可居」。

在「立后頒旨」這道程序之後，遜清宮廷宣佈，大婚典禮將在 1922 年 12 月 1 日舉行。由於溥儀關照，婚前皇后婉容一家好事不斷。婉容的父親榮源，被溥儀「欽派」為御前大臣，又被宣旨進宮，賜紫禁城騎馬。

皇后婉容　　　　　　　　　淑妃文繡

　　此時的婉容正遠在天津。3月中旬，內務府傳旨：吩咐接婉
容進京，讓她預先演習宮廷禮節，以免進宮露怯。

　　溥儀還專派宮內大臣、太監、護軍等一批人員，赴津迎
「鸞駕」。3月中旬，婉容乘火車平安抵京。民國政府格外重
視，派去大批衛隊到車站保護，一直到什剎海東側的榮公府。
在車輛行駛中，沿途軍警紛紛行禮致敬。

　　按照宮內規矩，4月6日，溥儀身穿皇帝龍袍，出紫禁城
神武門，來到擺設清朝諸位皇帝牌位的景山壽皇殿。此殿位於
景山正北面，仿太廟而建造，供奉着清代歷朝皇帝神像。按照

大婚前的溥儀

祖規，他要把迎娶后、妃的婚姻大事，逐一稟告列祖列宗。

大婚典禮由欽天監擇選吉日良辰，從紫禁城乾清宮啟程，抵達婉容所居住的帽兒胡同迎親。

一般人不知，淑妃文繡是怎麼進的宮。既無儀仗也沒有樂隊，只遣內務府大臣紹英把冊封的寶冊，送到鄂爾德特·端恭家裡。直到深夜兩點，再用明黃圍子的轎車把文繡接進宮內。文繡是從東華門接入紫禁城的。東華門靠近太子宮，是專供太子出入紫禁城的，所以東華門上只有八排門釘。清代皇帝、皇后、皇太后死後的梓宮，也全由東華門抬出，民間叫作「鬼門」。可以想見，文繡此時是甚麼心情。

婉容從榜上無名的一匹黑馬，搖身一變成了皇后，最初被圈定為皇后文繡卻降成了淑妃。30 日，冊封皇后婉容。等婉容被抬進神武門，來到順貞門時，文繡還必須前來跪接。由於頃刻之間，后、妃顛倒了個兒，兩人沒見面就成了一對冤家。

為日後徹底反目，埋下了導火索。

外人不知的午夜大婚

皇后婉容進宮的良辰吉日，由欽天監定為 1922 年 12 月 1 日凌晨四點。

宮中迎娶，按例不在白天，而在午夜過後，這是一種滿族自古沿襲下來的禮儀。因此，婉容在三點左右就必須在宮中女官的陪伴下，離開帽兒胡同的「后邸」。午夜過後，儘管已是隆冬季節，但京城百姓一改冬天早睡的習慣，紛紛聚到「宣統」接親隊伍沿途的馬路邊。

宮中迎接皇后婉容的「鳳輿」，從乾清宮啟程一直行至帽兒胡同榮宅。這期間有一個換轎夫的過程，先由轎夫把「鳳輿」

溥儀大婚儀仗隊步入紫禁城

抬至院內前庭，再由太監抬到正堂內，面朝東南角。據說，這個確切方位是由宮內的欽天監預先占卜過的。

婉容經過一番梳洗打扮，再由婚禮大臣奏請皇后「升輿」，才能正式起轎。起轎程序與來時一樣，先由太監抬出廳堂，穿過庭院，到大門口再換上二十二名太僕寺轎夫，肩抬進宮。這時皇后家族不能隨行，只由其父榮源跪在門口，恭送「鳳輿」漸漸遠去。

這隊眾多人馬前邊，除紫禁城護軍、樂隊以外，仍由民國政府騎兵和步兵護駕。與眾不同的是，隊伍內須設空轎一乘，還另設京城的舊式空車三輛，算是迎娶的宮禮。兩旁隨行的六十名宮女，手持大紅宮燈，若加上手持龍鳳旗及手持宮幡、宮傘的太監，不下七八十人。

耀武揚威地走在最前面的是持節的慶親王，而鄭親王則手捧御旨緊隨其後。再後邊才是皇后婉容乘坐的「鳳輿」。兩旁則是溥儀派來的御前太監、內務府大臣等人，皆騎馬伴隨。按照慣例，「鳳輿」所經路途，無不是黃土鋪路，淨水潑街。

按照宮中規矩，迎親隊伍需經東華門正門，隨「鳳輿」進入紫禁城，直達乾清宮，還要在丹墀前替下轎夫而換上太監，抬至大殿前。跟隨皇后婉容的一切隨從，全部迎立於殿外。「鳳輿」被抬入殿內寶座前，只有一個捧檀爐的太監，允許伴隨婉容走入殿內。

皇后婉容緩步走出「鳳輿」的這一道程序，叫作「降輿」。這時侍立於殿內兩側的王公福晉、內務府大臣以及伴婦等人，須全部退出大殿。在殿門關閉之後，皇后婉容才輕步邁出「鳳輿」，由宮女和太監攙扶着從大殿後門，步入乾清宮北面的坤寧宮。

迎候的溥儀，輕步走上前揭去皇后婉容的「蓋頭」。而此時溥儀的真實感受，在四十多年後才寫入《我的前半生》：「她坐在炕上，低着頭，我在旁邊看了她一會兒，這個鳳冠霞帔渾身閃着像碎玻璃似的反光、一聲不響的皇后，令我覺得生疏得很，我又環視一下這個很不習慣的環境，不由得悶氣。我坐也不是，站也不是，想起了我的養心殿，我開開門，回去了。」

溥儀定製「挑動天下反」的大婚龍碗

溥儀像木偶似的按照既定日程，度過大婚。12 月 2 日上午，「帝」和「后」到神武門對面的景山壽皇殿，前去祭拜列祖列宗，稱為「廟見」。因皇后必須在婚後三個月內，行廟見之禮，三跪九叩後才算進入皇帝家門。

壽皇殿殿內必須掛上清太祖努爾哈赤及以下列祖列宗的畫像。這是傳承已久的宮內規矩。

提到努爾哈赤，這是滿文名字的字音。起初在宮內直到清末至民國期間，仍直譯為漢字「努爾哈齊」，滿文的原意是野豬皮。

12 月 3 日，溥儀接受群臣和眾人朝賀。最有意思的是，溥儀雖是「遜清」皇帝，前來面見的前清王公大臣，卻一律按照過去的品級，穿戴朝服來叩見「皇上」。而民國代表，相當一部分穿著民國政府服裝或身着西服來參加，在溥儀看來，下面是亂糟糟的一群人。

而在此之前，溥儀派人去景德鎮專門定製了「挑動天下反」的大婚龍碗，再次暴露了他的復辟野心。雖已時值民國，碗底

溥儀大婚龍碗

卻仍赫然叩印着大紅宮款：「大清宣統年製。」

　　而大碗外面的圖案，是兩條張牙舞爪的金龍，睜一眼，閉一眼。碗裡的圖案，則是兩條鯉魚正躍龍門，也是睜一眼，閉一眼。為此，溥儀在上面特意親筆作詩一首：

　　　　睜眼看世界，閉眼養千年。
　　　　挑動天下反，誰主沉浮權。

　　此碗收藏者係葉赫那拉後裔，他將此解讀為：此碗圖案，喻意當年努爾哈赤造反起家是魚化龍，而溥儀遜位則從龍重新變成了魚。顯然，溥儀內心希望天下大亂，以便亂中「復辟」。

洞房花燭夜，溥儀並沒與婉容同房。溥儀大婚當夜去哪兒了？老太監又如何詳解晚清三帝大婚當夜之謎？溥儀對李淑賢的說法，彌補了《我的前半生》的欠缺。

溥儀大婚，照例在重華宮的漱芳齋戲台，連唱三天《龍鳳呈祥》這類大戲。溥儀究竟在大婚之日，欽點了一齣甚麼戲，使眾人瞠目結舌？

蹊蹺的皇上洞房之夜

皇上大婚，居然出現了一系列「意外」。然而，對於溥儀大婚，多年來始終眾說紛紜，歷史真相究竟何在？

溥儀大婚當夜去哪兒了？

溥儀婚禮異常隆重，大婚受貢費用頗巨。僅現金一項即達上百萬元。內務府專門設置一個賬目簿做了詳細記載。

其中最有意思的是，馮玉祥將軍為大婚進獻玉如意一柄，但不過一年多，他便命令手下將溥儀趕出紫禁城。

民國總統徐世昌和黎元洪各進獻大洋兩萬，奉系軍閥張作霖和張勳各獻大洋一萬元。而一位前清遺老生活拮据，據說困窘得連朝服都買不起，卻獻上了康熙皇帝的一冊手書《千字文》，堪稱價值連城。

儘管黎元洪前來贈送琺瑯彩等八件重禮，大紅帖上赫然寫着「中華民國大總統黎元洪贈宣統皇帝」，吳佩孚、曹錕等民國重頭人物也都紛紛送來厚禮。但溥儀對這些當年推翻他皇位的軍閥，仍心存芥蒂。

此前，徐世昌曾想把女兒嫁溥儀未成，送禮時又未以「清

太保」身份且僅以個人名義，而惹起溥儀的帝師不滿。當溥儀見到徐世昌獻上的二十八件名貴瓷器以及四件珍貴禮品的禮單落款是：徐世昌謹贈，溥儀又頓時氣不打一處來，當眾發起了火：「徐世昌還有清太保之銜嘛，竟敢使用這個落款？他如果以民國大總統名義尚可。但他是當朝皇室『太保』，這未免太不合規矩……」溥儀的這番話，幾經渲染之後，被公開刊登在天津《大公報》上。

在查找宮廷底檔時，筆者意外發現了一份溥儀大婚禮單，有意思的是，其中竟有張景惠給溥儀送上的一份貴重財禮。由此可見，為甚麼後來在偽滿洲國成為康德皇帝的溥儀，單單挑中當過土匪的張景惠成為偽滿洲國總理。這份大婚禮單解開了這個謎團，原來他們竟然是多年老相識。

宮廷大婚與老百姓婚禮有甚麼區別？當溥儀特赦之後，曾對妻子李淑賢講起過當年大婚的兩件真實往事：

一是，溥儀在皇后下轎後，要射其當胸一箭，但溥儀是高度近視眼，尤其怕射偏而誤傷皇后，無奈之下，只好取消這一程序。

二是，大婚過程中，還有一個儀式，吃「子孫餑餑」。在坤寧宮裡，婉容的伴娘走了進來。那時對於伴娘有個說法，必須是「全和人」，即父母和兒女雙全之人。伴娘依照老禮兒問了溥儀一句話，沒想到，這句話他卻答糟了！

數十年後，新婚妻子李淑賢曾好奇地問起溥儀：「這到底是哪句話呀？」

「嗨，甭提啦。伴娘眼瞧我吃了一口『子孫餑餑』之後，問我：『是生的，還是熟的？』我老老實實地回答說：『是熟的！』

誰想，回答之後，宮裡立時炸了窩。在場的人臉上都吃驚得變了顏色。這是大不吉利啊！」

「一句話能有那麼嚴重？」聽到溥儀的說法，李淑賢仍然感到不明白，繼續追問溥儀。

「生就是生孩子，熟就是不生，就是不吉利！你不知道這有多嚴重哪。」溥儀解釋說，「是我先吃的子孫餑餑，婉容後吃的。她見我這麼回答，臉色也頓時變了……」

類似讖語式的預言，或許是後人附會已發生的故事。另據筆者考證，溥儀大婚前後並非如他對李淑賢所說：「甚麼也不懂……」

溥儀的大婚是在夜裡舉行的。操持婚事的內務府大臣那桐，在日記中做了這樣記載：「十二月初一日，皇上舉行大婚典禮。是時天氣晴爽，諸事吉祥。」

老太監解密晚清三帝大婚之夜

傳言大婚之後，溥儀並未與皇后婉容「同房」，而是半夜奔了養心殿——究竟去幹甚麼？傳言大多是不算數的。最可信的是當事人的記載。洞悉宮闈的三朝老太監信修明，當年曾寫道：「欽天監之選擇最不相當吉日，近世紀有三錯誤。穆宗、德宗、宣統三大婚禮，合巹之夜，皆當皇后月事來臨，致而皆不圓滿，終身不得相近。其為命乎？……花燭之夜，值皇后月事，皇上從此不到中宮。皇后固聰明伶俐，百法逢迎，希帝之喜悅，帝終不住中宮。」

若溯「合巹」一詞，源於古代婚禮儀式。將葫蘆一剖為二

盛酒，新婚夫婦共飲合歡酒，名為「合卺」，後改用酒杯，於是又稱之「交杯酒」。宋代行「合卺」禮，擲杯於床下，一仰一覆，喻示陰陽和諧。顯然，溥儀大婚當夜並未「合卺」。

溥儀在《我的前半生》中追憶，他在大婚當夜沒有和皇后同房，而是去了養心殿。溥儀在書中記述：「回到養心殿，一眼看見了裱在牆壁上的宣統朝全國各地大臣的名單……想的只是：如果不是革命，就開始親政了……我要恢復我的祖業。」

筆者曾親筆記錄並整理了溥儀曾對最後一個妻子李淑賢說起的「大婚」經過。這裡如實披露如下：溥儀掀開新娘婉容的大紅蓋頭，看了看，相貌的確長得不錯。他沒在坤寧宮睡覺，而是「在養心殿和太監一直玩到天亮……」

溥儀對李淑賢的説法，彌補了他在《我的前半生》的自述。在《我的前半生》定稿過程中，迫於李文達追問，溥儀曾不得已透露了一些外界所不知的實情，正式出版時又做了刪節。

溥儀大婚時的婚房坤寧宮內景

溥儀大婚之後的情形，此時正在宮中當值的老太監信修明，還做了明確記載：「大婚以後，帝不曾近女色。后與妃獨宿寒宮。」

對於久居宮中的老太監信修明的記述，應該是可信的。因為他曾直言不諱地說要在世上留下一部鐵史傳世。

雖然溥儀大婚當夜沒和皇后同房，但宮中有個老規矩，第二天早晨皇帝和皇后必須覲見太妃（因宮中沒有皇太后）。那麼溥儀如何應對？

早晨，溥儀來到儲秀宮去找皇后婉容，哪知婉容心情苦悶，閉門不開。溥儀於心有愧，想了想，勸將不如激將，只得叫太監孫耀庭告訴婉容，倘若皇后未醒，皇上只好一人去給太妃請安去了。此時，婉容一夜沒睡，滿眼紅腫，一聽到這話，馬上開門迎進溥儀，略略打扮後，一同去給太妃請安去了。

溥儀欽點一齣戲令人目瞪口呆

大婚兩天後，溥儀夫妻出面宴請中外各界人士。頗讓大多數外國來賓吃驚的是，溥儀一張口，居然是一口流利的英語歡迎辭。溥儀在接見前來祝賀的外國來賓時，讓各界賓客耳目一新的是，他們先被引到乾清宮享用茶點，並賜一個銀盒作為紀念品。溥儀和婉容並不以皇帝和皇后自居，而站在西暖閣與來賓逐一握手，儼然一副「現代」做派。各國賓客多數聲明，並不代表本國而來，而只是代表本人。想來，這恐怕也是為擺脫政治背景，避免捲入溥儀與民國政府的矛盾，而力圖把複雜問題簡單化。

溥儀大婚後和皇后婉容首次接見外國賓客

　　最令外界驚詫的是，溥儀和婉容設宴招待時，竟然大膽改變了慈禧太后宴請外賓男女分宴的老規矩，應邀前來的男女賓客首次在宮內同桌共席。

　　溥儀為接待好外國人，還專門派洋帝師莊士敦出面款待外賓，並責成內務府專派三名精幹人員——張勳復辟時的外務部大臣梁敦彥、前清外務部侍郎聯芳和曾任海軍上將的蔡廷幹三人，負責「高層」幹旋。

　　可在人們眼裡，溥儀是一個挺「個拗」的皇上。「個拗」源於滿語的老北京話，意思是脾氣古怪、奇特，不合群。按說溥儀大婚，照例要在重華宮的漱芳齋戲台唱三天吉祥大戲。據宮中檔案記載，「敬啟者，現由奏事處傳出。奉旨：於陰歷十四、十五、十六日，在漱芳齋聽戲，欽此。特佈達，專此即頌。公綏。」這三天的隆重程度，在莊士敦的回憶中也可以查

重華宮漱芳齋內的戲台

到相關印證：「演戲三日以來，共三十三齣，演員均為京中名
伶。聽戲官吏，均穿補褂、花翎，坐作者之側為一公爵，前為
西太后所寵信者，曰：自一八九三年中日戰爭以來，宮內無此
盛舉，既有，后妃福晉均不得參列，而今日得共睹之。三年以
後，午夜之清室，似有日光之狀，然而不然也……」三天盛演
的三十三齣大戲，共花費三萬多大洋。在場的載濤之子溥佳和
著名京劇表演藝術家蕭長華都曾回憶説，沒想到溥儀鬼使神差
欽點了一齣梅蘭芳、楊小樓合演的京劇。這戲名一報出來，幾
乎所有人都目瞪口呆。

溥儀在大婚的喜慶日子裡，居然鬼使神差欽點了一齣梅蘭芳、楊小樓合演的京劇。戲名一報出來，幾平所有人都傻了。

早年溥儀多次實名投稿不中，竟抄襲明代古人作品，採用筆名在報紙發表。這不僅蒙明了見多識廣的報刊編輯，連洋帝師莊士敦也被蒙在鼓裡。皇后婉容不僅會寫詩，且擅譜曲，作者便收藏有一首婉容填詞並譜曲且未面世的歌曲《紙鳶》。

溥儀出逃故宮未遂，直到暮年，溥儀還將此事詳盡記載在日記本上。那麼泄密者究竟是誰？

第十九章

鮮為人知的婚後溥儀

尤其使人驚詫的是，溥儀在大婚之日，竟欽點一齣生離死別的《霸王別姬》。隨之而來的種種非議，竟延續多年仍未止息。

大婚之日的不祥之兆

在《霸王別姬》這齣戲裡，由紅極一時的武生楊小樓扮演楚霸王項羽，當紅男旦梅蘭芳飾虞姬。戲的主要內容是，楚霸王項羽與漢高祖劉邦爭奪天下兵敗，先後和虞姬自刎於烏江邊的歷史故事。甭說在宮中，即使在民間也忌諱在新婚之日上演這出夫妻雙雙自殺的大悲之戲。

在筆者多年採訪中，許多晚清遺老都不禁提起溥儀大婚演出《霸王別姬》太不吉利了，紛紛說，此乃不祥之兆。國舅潤麒當年也自然聽到了清朝遺老和太監議論紛紛，曾經不解地問起溥儀：「皇上怎麼在大婚之日，點了這樣一齣戲呢？」

溥儀笑笑而已，並沒當一回事，說只是偶然純出於好玩兒。

其實有的歷史現象表面簡單，內情複雜。可有的卻表面複雜，真實內幕再簡單不過。據溥儀的二妹韞龢回憶說，當時溥儀正學唱楊小樓的《霸王別姬》，因嗓音不理想，只會冒唱兩

溥儀二妹韞龢向賈英華談起往日詳情

句「力拔山兮，氣蓋世……」溥儀也沒過多琢磨，一時興起便
隨口點了這麼一齣留下話柄兒的「砸鍋」戲。

　　當年跟隨梅蘭芳一起進宮演出《霸王別姬》配角蕭長華回
憶說，他當年聽說溥儀欽點這齣戲，隨即找到太監二總管阮
進壽，一起勸說溥儀：萬歲爺，大喜日子裡，可別演這齣大
不吉利的戲！然而，溥儀卻不以為然，隨口說道：「這有甚麼
關係？……」

　　散戲後，一些王公舊臣一再議論說，這可是大不吉利！兩
年後，溥儀和婉容被雙雙趕出了故宮。有人又重提舊事：「溥
儀大婚演出《霸王別姬》，就應在今天啦！……」

　　對於大婚之日楊小樓和梅蘭芳合演這齣戲，個別人提出質
疑，說是戲單上沒有。實際上，正因為溥儀臨時欽點這齣戲，
戲單上才不可能有。而且有多位歷史親歷者證明，像溥佳、蕭
長華、國舅潤麒，無疑都是歷史當事人，這遠比憑空猜測說服
力強得多。

騙人的遜帝大詩人

外人難以想像，溥儀和婉容、文繡居然都有一個共同的愛好，喜愛寫作詩歌並譜曲，夢想當一位作家。

溥儀曾多次採用筆名，將古人之作簡單修改，竟然在報紙上發表。溥儀十六歲時，曾模仿唐代大詩人劉禹錫的《陋室銘》，撰寫了一篇《三希堂偶銘》，投稿寄到上海《逸經》雜誌。哪知這首略加修改的抄襲之作，居然被公開登載變成了鉛字：「屋不在大，有書則名。國不在霸，有人則能。此是小室，惟吾祖馨。琉球影閃耀，日光入紗明。寫讀有欣意，往來俱忠貞。可以看鏡子，閱三希，無心慌之亂耳，無倦怠之壞形。直隸長辛店，西蜀成都亭。余笑曰：何太平之有？」

於是乎，溥儀的文學激情一發不可收拾。次年夏天，他又把一篇詩稿《鸚鵡》，以鄧炯麟作筆名，投寄上海《遊戲日報》，登載見報。接着他又寄出兩篇七言詩《浮月》和《荷月》，旋即被報社刊載。

據說這家報社編輯挺好奇，四處打聽，卻始終沒得到任何答案。他哪知這是遜帝溥儀。

後來莊士敦的回憶錄《紫禁城的黃昏》，三十年代初在倫敦出版，繼而在歐洲引起轟動。莊士敦在書中扉頁，特意寫下：「謹以此書，獻給溥儀皇帝陛下。」落款是：忠誠與依戀的臣僕及教師莊士敦。這位洋帝師莊士敦，起初把溥儀發表的三首詩收入《紫禁城的黃昏》。他還在書中介紹說：「這位化名鄧炯麟的詩人，不是別人，而是清朝皇帝，現在我披露出真相，可能中外人士都會為之驚訝。皇帝發表詩作時，年僅十六

歲，表現出他才華橫溢。」

在這本自傳中，洋帝師還一再稱讚他的學生溥儀，頗具「非凡的詩人氣質」。

兩人彼此吹捧。溥儀在此之前，專門為此書作序，說：「莊士敦雄文高遠，為中國儒者所不及。此書既出，預知其為當世所重必矣。」

直到數十年後，溥儀在《我的前半生》中自我披露，少年在報上發表的三首古詩，全是抄襲明代人作品。這不僅蒙騙了編輯，連莊士敦也被蒙在了鼓裡。此時，莊士敦早已作古多年。

此前，婉容和文繡雖曾在爭奪皇后上，成為對手。進宮後倒也過了一段相對平靜的生活，溥儀有時還和她倆吟詩作對子。

後來，溥儀將文繡封為淑妃，自有其特定含義。因為清朝宮廷制度把後宮分為八個等次，依次排序為：皇后、皇貴妃、貴妃、妃、嬪、貴人、常在、答應。遜清朝廷時，溥儀出於某種考慮，宮中則僅設皇后和淑妃二人。

剛進宮第一年，溥儀為文繡專門邀請了漢文和英文教師，有時也到她所在的長春宮裡坐坐。溥儀雖然並不喜歡她的長相，卻喜歡她的內在以及文采。

但有時，溥儀也拿她開起玩笑。一天，突然文繡發現自己寢室擺上了一件雕塑作品，太監告訴她是萬歲爺賜的。再看桌上的雕塑，是一位慈祥的老頭笑呵呵地坐在那裡，摳起腳丫上的泥，放到鼻子前使勁嗅着。旁邊有一個淘氣的頑童，在微笑地看着老頭。溥儀走進屋內，嬉笑着問起文繡：「朕賜你的雕塑如何？」

文繡是何等聰明之人啊，她早明白了這個雕塑之外的含

義，顯然是隱喻着自己的名字。古代把臭字往往唸成「嗅」字，老頭聞臭丫泥便是「聞嗅」——文繡。這明顯是溥儀借用諧音字，跟文繡開個玩笑。

文繡明知溥儀是在影射自己的名字，但也得按規矩說一聲：謝皇上。可內心十分委屈。認為皇上有意貶低自己。不久，溥儀幾個妹妹進了屋，也都看到了這個雕塑，哄堂大笑。文繡頓然覺得成了被人戲耍的對象。（採訪溥儀的二妹韞龢，參考孫吉生《愛新覺羅·溥儀》。）

每當溥儀的妹妹們到宮裡遊玩，文繡都躲在屋裡不出來，獨自生悶氣。她覺得皇上不喜歡自己，皇后又排擠她。於是，成天生活在孤獨當中。

實際上，婉容與文繡兩人都頗有文采。文繡寫過不少詩詞，其中一首《哀苑鹿》，則集中表達了其內心苦悶：「鹿在苑內不得其自由，猶獄內之犯人，非遇赦不得而出也。」

然而，對於她所寫的《哀苑鹿》，溥儀並不以為然，只當一種牢騷而已。

婉容在宮中也寫過不少詩歌，其中有一首未面世的歌曲叫《紙鳶》，源自筆者收藏的民國期間作品。值得注意的是，其中第二段歌詞，是婉容親自用鉛筆改寫的：

全憑一線牽，風伯撫助向上飛。
莫教雨師來，迎接竹當身體紙。
做衣偶逢春，朋友語道：我高你還低。

如果仔細推敲起來，通篇歌詞反映了婉容寂寞哀怨的內心世界，時刻想像風箏一樣，飛出紫禁城。相比之下，婉容的最

溥儀與婉容婚後的合影

終結局悲慘異常，令人歎息。

　　溥儀作為遜清皇帝，在寂寞的宮中產生了厭煩情緒，也總想逃出紫禁城。歷史真相到底怎樣？

「出逃紫禁城」是誰泄的密？

　　溥儀大婚之後，1923 年 2 月，發生了轟動宮廷內外的溥儀出逃故宮「未遂」事件。有人將此解釋為一次「復辟流產」，這其實完全缺乏歷史依據。

　　莊士敦在回憶錄中表示，溥儀逃離故宮之事與己無關，確

是說了假話。因為他不想成為皇族的仇人。事實上，溥儀之前與他密謀多次，荷蘭公使歐登科即由他介紹給溥儀認識的。其間，溥儀親自電話聯繫荷蘭公使歐登科，又讓溥傑去使館商量過「出逃」的具體細節，且由歐登科用汽車來神武門接。誰知，溥儀自以為賄賂好了太監等各個環節，結果臨出宮前一小時，載灃得到消息後，下令紫禁城戒嚴，出洋留學遂告流產。

究竟誰泄露了這個秘密？溥儀始終不知，甚至直到暮年，仍將此事詳盡記載在日記本上。當筆者問起潤麒時，他微笑着說：「這實在太容易想到了。溥儀自以為神秘，其實我姐姐婉容早知道了。她經常和家裡通電話，榮源早就稟報給了載灃。」

世勢決定着世事。《紙鳶》坦舒逍遙志，宮牆難鎖少年心。遜帝溥儀和他的妻妾，無一日不想飛躍紫禁城的高牆。然而，平靜中醞釀着皇城巨變。

殊不知，溥儀和國舅潤麒登養心殿頂找賊，嚇壞端康皇貴太妃。潤麒晚年談起宮內規矩，曾笑着說：見影視裡皇上說完話，太監總回答「喳」，其實「喳」這個字，在滿語裡是「下賤」之意。

大霧瀰漫的夜晚，溥儀由潤麒陪同在乾清宮台階上散步，隱約聽見馬嘶人喊且夾雜男女慘叫聲音。當年歷史聲音重現，為甚麼偏偏被他倆聽到？

宮廷血案之謎

出人意料的是，自從國舅潤麒經常進宮以來，溥儀在宮內又鬧出不少趣事。

溥儀登上殿頂找賊

潤麒雖然剛進宮不久，但見到溥儀最多鞠一躬就算完事。他在宮裡見到姐姐婉容，也總是請一個跪安之後，就垂首站在旁邊。日常，溥儀和婉容都沒有「接安」這麼一說，只是站在那裡，一抬手就算完事。如果剛見面，潤麒無非要尊稱姐姐一聲：「主子……」漸漸地，他們一天要見幾次面，在一起也不那麼循規蹈矩，他對溥儀和婉容也不再稱「皇上」和「主子」了。

起初，凡是溥儀賞賜宮內珍品，潤麒和溥傑要跪地謝恩。到後來，潤麒被溥儀賞賜珍寶時，也不必非得跪下謝恩。

無人不知，溥儀這位關門「皇上」，晝夜和潤麒如漆如膠黏在一起。這天早晨，潤麒剛剛起床，一位御前太監興衝衝跑來，對他說：「萬歲爺正等着二爺，要跟您一起吃早點哪。」

「好呵。」潤麒一溜小跑，趕往養心殿。溥儀邊吃邊說：「叫你來這兒，是有事商量。頭天夜裡，一個小太監稟報說，殿頂

上有人往下窺探，我讓他們在宮裡搜了半天，連個人影兒也沒找到。咳，害得我一夜未眠。」

「這還不好辦？叫人搬梯子。」潤麒喜形於色，「我上殿頂瞧瞧不就齊了嗎？」

這時，婉容走進養心殿，聽說後十分反對，「這可不行。」她唯恐弟弟登上殿頂摔下來，「你要是有個好歹，我怎麼向奶奶和阿瑪交代？」滿族人和漢族人稱謂不同，稱母親為奶奶，稱父親為阿瑪。宮內也如此。

溥儀倒跟婉容的意見截然不同，笑着說：「一塊兒上去吧，我也正想上房頂看看哪……」

婉容只好不再說話。潤麒高興了起來，說：「好啊，那太好玩兒啦。」

溥儀傳話沒一會兒，太監便送過來豎梯和裹腳的白布、繩子。太監把溥儀和潤麒的雙腳裹上白布，腰裡拴上了繩子。繩

溥儀登殿頂

子一頭拴在溥儀和潤麒的腰裡，另一頭繫在太監腰間。「騰、騰、騰……」沒一會兒，他和溥儀蹬着梯子躥上殿頂，分別奔了房脊的北側與南側。在房頂上玩了一個時辰，倆人又躥房越脊，彼此調換個兒，倆人隔脊相望，又攀到了養心殿的殿脊上，讓太監拍照留念。

兩人正像猴子似地在殿頂亂竄的時候，端康皇貴太妃恰巧路過，打起手遮，仰臉望見高高的養心殿脊站立着人，猛然被嚇了一跳：「哎呀，那又是潤麒淘氣吧？嚇得我都不敢看啦。」

「殿脊上邊還有皇上呢。」

「啊？」聽了太監回話，端康太妃沒再吭聲，趕緊轉身走開。

自然，溥儀和潤麒在養心殿頂上甚麼也沒發現，至於殿頂藏人的傳聞，不攻自破。然而，溥儀與潤麒在養心殿頂躥房越脊的故事，卻成了宮內談論一時的熱門話題。

溥儀破例讓國舅不必請安

無論他倆多熟悉，只是有一個規矩國舅必須遵守。那就是如果溥儀站起來，他絕不能安坐不動，馬上跟隨起立就是了，而且要微微低頭，嘴裡說着「嗻」，自稱「奴才」。

這實際是宮內規矩，漢人大臣往往自稱臣，滿族大臣則自稱奴才。國舅潤麒在晚年講起宮內規矩時，曾笑着對筆者說：「看到影視裡皇上吩咐完，太監大多回答『喳』，要是當年在宮裡非捱打不可。不能答應『喳』，否則皇上聽了一定大怒。」其實，此處的「喳」字，應當寫作「嗻」。這個「嗻」字，是滿語裡「是」的意思。而「喳」字，在滿語裡，是「下賤」的

意思。

到後來，溥儀不再讓潤麒自稱「奴才」，而讓他自呼姓名，後來，溥儀嫌麻煩，連請安也省了。再到後來，潤麒即使受到婉容賞賜，也沒甚麼繁縟禮節，接過禮品道謝之後，就可以走。但對於宮裡的老規矩，那可馬虎不得。譬如，逢年過節進宮給皇上磕頭時，當太監遞過來一柄玉如意，潤麒隨即跪下，雙手接過來，再捧起如意跪遞上去。太監接手之後，他便按照宮規向溥儀行三跪九叩的大禮，太監再將如意跪呈溥儀，這個簡單的禮儀才算結束。一般，玉如意都不是自己從家裡拿來，而是宮裡的太監事先備好的。

按照宮內的禮節，潤麒先後給端康和榮惠、敬懿太妃遞過如意。見此，溥儀對他微笑着說：「看到你遞如意時假裝斯文，想起你平日活蹦亂跳的滑稽樣兒，誰都覺得太好笑了。」

初冬的傍晚，紫禁城內外大霧蒙蒙。才六點來鐘，天色就漸漸暗了下來。東西長街甬道上的宮燈，透過玻璃窗映出電燈的淡黃色弱光。

大霧瀰漫的夜色，更使皇城罩上了一層神秘的面紗。晚上九點來鐘，溥儀在養心殿與潤麒一起對坐閒聊：「哎呀，我感覺今天腸胃不太通暢，得吃點兒通氣的藥。」

想了想，溥儀覺得吃小紅蘿蔔通氣，就隨即吩咐太監讓御膳房端來一盤小紅蘿蔔。潤麒見了，隨手拿起一個，嚼了嚼。

他陪着溥儀治病順氣，在養心殿裡不停地走來走去。溥儀一邊吃着小蘿蔔，一邊隨口說：「外邊天不算太冷，出外走走吧。」

說着，溥儀信步踱出殿門。而潤麒沒走台階，淘氣地從養心殿前的高台跳下來，三蹦兩跳地跑在溥儀前邊，他倆從養心

殿向東一拐，徑直奔了乾清宮。

乾清宮，是內廷最主要的後三宮之一。始建於明代永樂年間，明清兩代幾次被焚毀而重建，如今的建築是清代嘉慶三年（1798年）所建。清代康熙皇帝以前，沿襲明代習慣皇帝都住在這裡，共九間暖閣，分上下兩層共計二十七張床。然而，為以防意外，皇帝每天晚上睡在哪間屋成了宮內機密。

自打雍正皇帝移居養心殿，這裡便作為皇帝召見大臣以及國外使臣的地方。皇子讀書的上書房等，也都陸續遷入乾清宮附近。最有名的是殿內寶座上方懸掛的「正大光明」匾，據說秘立皇子的密詔便藏在匾後。在人們眼裡，乾清宮總帶有一種

國舅潤麒騎在溥儀的脖子上

神秘色彩。

哪知，這一天溥儀和國舅潤麒居然在乾清宮下，意外發現了一個秘密。

宮廷血案之謎

這天溥儀身邊只帶了一名老太監——金聾子，手托一個紅漆盒，裡邊的瓷盤擱着小紅蘿蔔，可以隨時拿起來吃。瞧上去，金聾子足有五十多歲，方臉龐，頭髮灰白，是一個瘦瘦的乾巴老頭兒。

平日裡，金聾子顯得愣頭磕腦，其實不僅身體挺棒，腦子也很清楚，從來不多言，心裡卻是異常有數兒，還有一身好武功。為此，溥儀常喜歡讓金聾子貼身跟隨左右。

這天，金聾子身穿一件團花長袍，腰裡繫一根藍色帶子，外邊穿著坎肩兒，小腿上打着綁腿，腳蹬一雙帶棱兒的布靴，瞅着格外利索。無論走多快，金聾子總是一個姿勢不改樣，端端正正地手托漆盒，亦步亦趨地緊隨溥儀身後。

溥儀由潤麒陪着在宮裡隨意散步，又在乾清宮的高台階上，東拉西扯地閒聊了一會兒。高台下邊有一個石頭砌的通道，據說，早年在台階底下可以東西方向往來，暢行無阻。溥儀和潤麒正行走在乾清宮通道上邊，忽然溥儀聽見台階底下發出「呼啦呼啦」的回聲，接着，「噼里撲通」，傳來一陣雜亂奔跑的腳步，繼而呼號聲大作，似亂馬奔騰。

過了一會兒，又隱隱約約聽見馬嘶人喊且夾雜着男女慘叫的聲音。溥儀聽得一清二楚，好奇地對潤麒說：「潤麒，你聽

見這動靜沒有？

　　潤麒回答說：「當然聽見啦。」溥儀接着說道：「這是怎麼回事呀。讓金聾子下去瞧瞧怎麼樣？」

　　隨即，溥儀手指着台階下邊，大聲地吩咐金聾子：「金聾子，你從這邊進去，由那邊出來，下去走一趟吧。」

　　或許金聾子根本沒聽見底下的響動，聽到溥儀的吩咐，仍然手托小紅蘿蔔，神態自若地從台階上走下去。沒過多長時間，金聾子神色平靜地從長長的通道走出來，毫無半點兒驚慌

溥儀（中）、溥傑（左）、潤麒（右）在宮中合影
（圖片提供者：林京）

失措之態。

「奴才稟皇上，底下甚麼都沒有。」

聽了金聾子的話，溥儀和潤麒將信將疑。溥儀感到異常奇怪，百思不得其解，親耳所聞難道是假的？可為甚麼潤麒也同樣聽到了呢？

其實此前宮裡不少太監進過這個暗道，也曾親眼看見洞中血跡斑斑的暗褐色痕跡，聽到過昔日悽慘的故事。可是誰又敢向皇上冒昧亂講？宮中太監自有傳下來的老規矩：不聞不問，不問不說。溥儀在宮內四處搜聽，一名老太監向他捅破了這個謎底。

「萬歲爺，實話跟您說，這個通道牆壁上都是血印兒，到現在也有呀。明朝末年，『闖王』李自成打進宮裡時，不少宮女和太監躲藏進暗道裡，洞口用石條堵上。闖王的部下發現後，搬開石條，用刀砍在戰馬屁股上，轟趕戰馬進去把通道內的人踐踏而死！」

還有另外一種說法。「禍首」根本不是「闖王」李自成，而是打進明宮的清兵。這是溥儀的祖先呀，誰也不敢直說，只推說是李自成幹的。據說當年的通道曾被全部封死，許久後又被打開過。如果遇上陰天，能夠聞到裡邊有一股淡淡的血腥味。溥儀讓潤麒跟隨着在乾清宮台階上閒逛時，底下封閉的小門已經被打開。

潤麒起初以為，宮內有關三大殿台階下的種種傳言，純屬瞎謅捌咧。「瞎謅捌咧」，是一句滿漢合璧的老北京話。這最初源於滿文，意為狂言妄語。

後來當潤麒親身經歷過，才發現宮內還真確有此事。一名

老太監提起此事，還有鼻子有眼地述說了清末的親身經歷，「老佛爺在世時，為超度乾清宮暗道裡的亡靈，還下旨請僧道唸經，做過法事呢……」當溥儀聽說之後，不由感歎地對潤麒說：「噢，難怪呢。」從科學角度而言，世間的確存在一種磁記錄現象，也就是說，在特定氣候條件下，可以形成磁場，連牆壁也能作為錄音的載體。是不是可以如此推斷，當年的血腥案，也同樣發生在大霧蒙蒙的相同氣候條件下。當年磁場記錄下的聲音得以再現，是否就是溥儀和潤麒聽到的神秘響動？……

溥儀成為公民之後，還和潤麒屢次提起過這檔子親歷之事，卻沒寫入《我的前半生》。

在人們眼裡，宮中的溥儀多少有些神秘。而在溥儀看來，久居的宮中仍有不少未解之謎。其實最難解的是溥儀人性發展中的微妙變化。剖析遜帝即將面臨的人生關鍵，才是解開其人生之謎的鑰匙。

國舅潤麒與本書作者賈英華拉鉤，相約把真實的歷史留給世人

宮內人也並不盡知。溥儀宮中的後期遜帝生活，有三件蹊蹺事，既有前因也造成了嚴重後果。

大約半年多，一千三百多件稀世書畫珍品被偷運至津。連皇后鳳冠上鑲嵌的珍珠都被換成了假的。溥儀下令嚴查。

豈料調查結果，宮內只以「失慎」二字結案。溥儀勃然大怒，把幾個嫌疑人打個半死也沒拿到口供。最讓溥儀膽戰心驚的是，夜間有人往養心殿無逸齋窗戶塞了一團點燃的棉花，且宮內又發生一起兇殺案。他不敢讓太監守候，便讓婉容晝夜為其守夜。此豈非長久之計？

第二十一章

溥儀與建福宮神秘大火

外人哪知，溥儀以為在出宮前幾年中，宮中不斷發生了許許多多令其不解的怪事。然而，究其本源，竟意想不到卻追究到他自己身上。

監守自盜宮中國寶

當初，建福宮花園集亭、台、樓、閣、軒於一體，是紫禁城構建最獨特的建築。如今宮內的寧壽宮花園就是依據建福宮為藍本建成。溥儀在打開建福宮大門起，就成了這裡常客，他往往把乾隆皇帝最心愛的「百寶匣」拿到養心殿，還經常傳太監把一些國寶拿來，成天獨自賞玩。

據宮廷檔案記載，從 1922 年 9 月直到 1923 年 1 月，溥儀幾乎每天以「鑒賞」為名，調閱古玩書畫後就鈐印上「宣統御覽之寶」，自以為蓋上印璽就成了他的私人財產。溥儀還讓太監裝進明黃包袱中，讓弟弟溥傑藉下學回家之機，偷偷運往醇親王府。

卻不料，第一天溥傑帶着一些古籍和字畫出神武門時，被護軍客客氣氣地攔住了。無奈之下，他只好返身找溥儀商量。

聽此，溥儀感到十分驚訝。

值此之際，宮禁之事並非溥儀一人說了算。結果溥儀經與帝師商量，編了一個勉強自圓其說的說法，對溥傑說：「以後就把古董字畫以皇上名義賞賜給你，看誰還敢阻攔？」

據溥傑先生對筆者回憶，當時宮內清點文物時，須對清單上每一卷字畫、每函古籍，都做上標記。溥儀找來幾位帝師和內務府大臣幫忙清點，然而，幾位帝師藉鑒賞為名，從建福宮借走的國寶越來越多。即使在如今建福宮留下的「糙賬」上，也可看到當年的「盜寶」的蛛絲馬跡。

剛開始，溥儀每隔幾天「賞賜溥傑」一次，到後來幾乎是每天賞賜，數量也越來越多。溥傑悄悄帶出宮的書畫卷冊。由於有些古籍珍本與溥傑陪讀的課本大小相近，溥傑就把這些混夾進課本，再用明黃色錦緞包好，帶出神武門。宮門護衛只能放行。

在大約半年多時間，包括北宋著名畫家張擇端的《清明上河圖》在內，清朝歷代皇帝收藏的稀世書畫珍品共一千三百多件被偷運出宮，藏匿於醇親王府，隨後被秘密轉運到天津。實際上海關並非沒察覺，因為海關頭頭孫寶琦是溥儀的親戚，派員指點他裝箱才逃脫了海關檢查。這樣，溥儀以「賞溥傑」為名私運出宮，釀成了上世紀最大的國寶流失案。

溥儀畢生困惑的建福宮神秘大火

建福宮神秘大火，是溥儀畢生沒解開困惑的一件事。

其實上行下效，溥儀弟兄偷盜國寶，內務府大臣和太監也

沒閒着，也不斷往外偷盜宮內大小寶貝。溥儀的伴讀溥佳放學出宮時，曾親眼見到一個太監扛着一把明式椅子出宮，被攔住詢問，得到的回答是，出宮修椅子。護衛把椅子倒過來一檢查，夾板裡夾着幾件珍貴的進貢給皇上的國寶級純金佛像。

見微而知著。京城文物商鋪興起，似乎有一個規律，無不環皇城而立——東四、前門、古樓前。尤其地安門附近，大多是內務府大臣和太監首領開的古玩鋪子。此時，買官賣官不用現金而用「雅賄」，這在清末和民國期間，乃是公開的秘密。

意外的是，1923 年 6 月，一個初夏的夜晚，故宮西北角存放國寶的建福宮發生了一場莫名其妙的神秘大火，隨後，建福宮花園便成了「火場遺址」。這場大火整整燒了一夜，整個建福宮和無數國寶級文物以及珍貴古籍全部化為灰燼。

據宮中檔案記載，起火原因結論竟是由於放映電影時電線老化所引起。

建福宮火災後現場

其實當時放映的影片，並無甚麼新奇內容，僅是幾部從國外帶來的無聲洋片。起初晚上在宮內庭院放映，爾後才在建福宮建成放映場地。第一次是溥儀叫來婉容和潤麒在建福宮大殿牆上觀看，漸漸，觀賞電影才成了宮內的重要娛樂活動。

宮內電影放映機從何而來？國舅潤麒揭破了這個謎底，乃是「洋三舅」帶進宮內的。「洋三舅」是被叫俗的「官稱」，他是溥儀母親瓜爾佳氏的弟弟良揆，家裡極有錢，遊歷過許多西方國家。電影放映機是其歸國進宮時，專門為溥儀帶來的覲見禮。倒有必要說明，當年溥儀從宮內一直帶到撫順戰犯管理所，又帶回北京的牛皮箱，就是在宮中盛放電影放映機的皮箱。這個牛皮箱當溥儀被趕出故宮後，他一直帶在身邊。溥儀的數百件珍寶也曾藏於此皮箱內。七十年代，筆者親手撰寫並整理的溥儀遺孀李淑賢的回憶錄手稿以及溥儀日記、遺稿等，亦曾放置在這個皮箱內。

據國舅潤麒回憶，實際電影機不用電插銷，自身便攜帶手動發電機，輕輕用手一搖，就能放映出電影。照此說來，放映電影是由於電線老化引起火災的說法，顯然是根本站不住的。那火災是怎麼引起的呢？

突發大火，實質是由宮中盜寶引起的。由於建福宮寶物被宮中內鬼偷運出宮，但為了掩人耳目，宮內不少珍品都用贋品替代，乃至皇后大婚鳳冠上鑲嵌的珍珠，都被換成了假的。

末代太監孫耀庭曾回憶說，建福宮這事兒，其中「貓膩」太多了。「貓膩」，是老北京土話。老北京人常用「貓膩」一詞，來形容被掩蓋的偷偷摸摸之事。

此前，溥儀聽說建福宮陸續丟失國寶，下令嚴查。這樣一

來，內鬼在即將暴露情形之下，索性一把大火把所有寶物都燒成灰燼。究竟是哪些人，至今是個歷史之謎。

建福宮大火之後，溥儀暗暗下了一個決心。

驅逐太監出宮

大火之後，溥儀決定把太監趕出了故宮。這出於三個原因。

一是，對於建福宮大火的調查結果，宮內只以「失慎」兩字結案。溥儀豁然大怒，但拿不出別的證據。即令對幾個重點嫌疑人甚至動用酷刑，打個半死也沒拿到口供。也就是在此之際，溥儀猛然想起早年康熙皇帝的聖訓：「朕觀古來，太監良善者少，要在人主防微杜漸，慎之於始。」溥儀遂痛下決心，要把所有太監轟出宮。

二是，最讓溥儀膽戰心驚的是，不久，夜間有人在溥儀所居住的養心殿，發現東廂房無逸齋窗戶上塞着一團棉花，已被點燃，幸虧發現得早，遂被迅速撲滅。據溥儀的貼身侍衛周金奎回憶：建福宮大火之後，養心殿東暖閣又曾着過一次火，雖然及時撲滅了，卻引起了溥儀的疑心，以致掀起了一場驅逐太監的風波。

三是，宮內又突然發生了一件兇殺案。一個太監由於過失受到太監總管毒打，對告發人懷恨在心，趁着早晨都沒起床，獨自拿着一把刀和石灰，殺害了告發人。溥儀想到宮內不少太監受到過自己毒打，難免實施報復，總覺得要被暗害，再也不敢在宮內睡安穩覺。

　　溥儀不敢讓太監守候過夜，便讓婉容睡在邊上晝夜為其守夜。但這終歸不是長久之計。接着，溥儀又聽説參加建福宮滅火的消防人員回憶，剛到現場便聞到了刺鼻的煤油味，這顯然是有人縱火。溥儀想來想去，如果和內務府大臣商量，一旦消息透露，必定招致一場大麻煩。於是，他在莊士敦支持下，執意把太監從宮中全部轟走。

　　溥儀獨自到醇親王府，要求父親載灃立即表態。這樣一來，載灃無法和內務府大臣商量，消息也就不會提前泄露出去。起初載灃堅決不同意，他歷來是甚麼事都「照例」，這次依然結結巴巴地説：「這，這有違祖制。」

　　哪知溥儀放出了狠話，臉色一沉，説：「王爺如果不答應，我就從今天起住在醇親王府，不再回宮裡！」

　　正在載灃遲疑當中，溥儀板着面孔站起身來，把話算是説絕了：「我寧肯不當這個皇帝，也不留下這些太監。」

　　如果溥儀不再當遜位皇帝，那載灃的「養廉俸銀」誰發呀？在溥儀軟磨硬泡之下，載灃只好違心地勉強同意。妥協條件是，幾位老太妃那兒要留下一些太監。

　　隨後一天之內，宮內太監幾乎全部被轟出了紫禁城。據莊士敦記載，過去宮內近三千太監。1923 年時，宮內還剩太監一千人，這時只留下一百多人左右。

　　據末代太監孫耀庭回憶，不少太監出宮後，因沒任何生活出路，走出宮門就跳進了筒子河。老太監信修明當年也做過一段記載：「民國十二年，溥儀在建福宮內的『德日新』（大殿名）演電影，此後，燃起的大火將宮內的珍寶付之一炬。遂釀成溥儀悉數將太監轟出大內。」

近千名太監被趕出宮後的情形，說法不一。這裡倒有必要交代一下歷史實情。其中絕大多數太監因無處居住，只得暫住位於故宮正北方中軸線的燕翅樓。它在地安門南側，與地安門並稱為北城的三大防衛大門，老北京人俗稱之「後門」。因其在天安門正北方向，明代稱之北安門，清朝時改為地安門，隱含天安、地安之意。燕翅樓東西方向各十五間房，猶如鴻雁展翅拱衛着京城北大門。

經內務府百般籌措遣散費用，一個多月後，大部分太監被陸續遣回老家。末代太監孫耀庭曾對筆者回憶説，當溥儀被趕出故宮，不少太監拍手叫好。

內亂起於闖牆之內，似乎已成定數。溥儀從監守自盜宮中國寶，再到建福宮神秘大火，乃至驅逐太監出宮，可謂事已做絕。

溥儀決心治理腐敗，可打哪兒入手呢？溥儀從身邊的內務府入手，破例任命鄭孝胥為首席內務府大臣。實際他只幹了三個月，終以失敗而告終。溥儀派洋帝師治理頤和園，也慘遭失敗。

溥儀遂任命金梁為內務府大臣。可金梁提出的「改革」竟是讓溥儀的父親醇親王退休，載灃大怒，金梁只好請辭。原內務府大臣紹英突然又出現在溥儀面前，還捎來一句話。溥儀聽後，立馬讓鄭孝胥把內務府大印和鑰匙交還紹英。讓紹英捎話的人是誰呢？

第二十二章

整頓內務府失敗內幕

溥儀難以說出口的是，他在宮中始終頭疼兩件事，一是始終與他為敵的太監，再就是管不住內務府大臣。

洋帝師面臨索賄

溥儀當然最清楚不過。起初莊士敦進宮前，有過一場爭論。有人提出，讓內務府管，不能給他任何頭銜。但推薦人載濤等王爺提出，應一視同仁，絕不能歧視。

最終溥儀聽從七叔的建議，授莊士敦二品頂戴後又授予一品頂戴，建議與中國帝師一律平等。

當莊士敦被授予一品頂戴後，感到很奇怪。一個個過去瞧不起他的大小太監，紛紛過來給他磕頭祝賀，更奇怪的是，磕過頭後，離開時都狠狠瞪他一眼。莊士敦更惱火的是，一位太監首領磕過頭對他表示祝賀時，公開挑明了：我說你也太不懂事了吧？幾十個太監過來磕頭，你怎麼一點表示也沒有？莊士敦反問他，我不明白，你要甚麼表示？太監首領說，按照宮內的老規矩，你好歹也要給大夥一點賞賜。

莊士敦沒理那個太監首領。等到內務府官員來找他，莊士

敦這才知，自己犯了眾怒。莊士敦計上心來，鄭重提出：可以賞賜，但有一個條件，你們要給我一個正式收據。來人一聽，這樣不就證明我來索賄嗎？兩人爭吵了起來。結果不歡而散。由此，莊士敦和內務府官員及太監利益集團結下了仇。

不久，端康太妃考慮到莊士敦給溥儀上課勞累，又賞賜莊士敦幾斤人參和西洋參，這事還被登在了京城報紙上。太監和內務府官員又來集體討賞，仍然被莊士敦斷然拒絕，還被他告到了溥儀那裡。

他萬萬沒料到，溥儀居然管不了，先是問了一句，真有此事？之後僅說了一句：豈有此理。便再無下文。莊士敦這個御狀，算是白告了。

實際上，一來討賞已成宮中規矩，二來是內務府和太監也是皇上始終頭疼的兩類人。甭說溥儀，就連道光皇帝也拿內務府沒轍。論起來，若說道光皇帝是中國歷史上最儉樸的皇帝，並不為過。因為據說道光皇帝身上穿的衣裳都打補丁。據記載，道光皇帝宮內的財務支出，每年不超過二三十萬兩銀子，內務府由於無油水可撈，可沒少大罵道光皇帝。溥儀的遜清宮廷每年支出三百六十萬兩銀子，內務府也沒少從中撈錢。

莊士敦把內務府的腐敗，視作清朝滅亡的重要原因，也是遜清宮廷腐敗的象徵。莊士敦一針見血地分析說：內務府雖然不是六部之一，卻是政府中一個有權有勢的大機構。它同皇帝關係密切，被賦予一種特殊權力，這是其他政府機構望塵莫及的。內務府是幹甚麼的？至少有對內、對外兩項基本職能：一是對內，管理皇上有關事項，辦事辦會，事無巨細。二是對外，管理和皇上、皇族有關事宜。溥儀遜位之後，軍機處和總

理衙門部分涉外權限也劃歸了過來。最顯眼的是，統管宮內財務經費，且遜清內務府大臣往往兼任軍機大臣。據說，莊士敦以內務府大臣世續等人為例，頗有見地評價說：「這些人並不都是壞蛋，即使有也是少數。我在強調這一點情況時，倒願意把制度和人區分清楚。」

樹小屋新畫不古，一看就是內務府。這是一句流行的京城俗語，形容連老百姓都知道內務府的人有錢。莊士敦還摘引一則《北京日報》消息說，內務府大臣世續請求民國總統批准給清室六十萬元，如果沒這筆錢，內務府就無法維持。這樣的請求每年都有三四次。另外，莊士敦還援引一位法國作家記述的一個故事，證明不僅溥儀，歷代亦如此。譬如，有一位皇帝發放八萬元作為裝修一個北京使館的費用，可經過內務府官員層層盤剝，到工人手裡只剩下了八十元。這成了一個人所共知的大笑話。

反腐成了溥儀不得不面對的問題。雖有忠於宣統王朝的廉潔官吏，如陝甘總督升允。辛亥革命爆發，他帶兵入京「勤王」，打到西安時，得知溥儀已遜位，只好面向京城三跪九叩，寧可到天津當寓公，也不在民國任官。慈禧太后七十大壽之際，慶親王奕劻下令各省獻金祝壽，升允不僅不獻金，還上疏要求停止獻金。但在晚清，升允這樣廉潔的官吏寥若晨星。

而最終促使溥儀下定決心治理內務府腐敗的無疑是兩件事。一是溥儀喜歡的帝師伊克坦去世前，竟與溥儀最信任的陳寶琛大吵了一架，說是他不配當太傅，因為他不肯向溥儀揭發內務府的腐敗，犯了欺君之罪。二是，莊士敦屢受太監和內務府的氣，而大罵內務府是吸血鬼。

溥儀治理腐敗

幾經考慮，溥儀終於下定決心治理腐敗，而且聽從莊士敦的建議，選拔漢族人才，而不是任用那些近親皇族。他挑選了十二三名漢族科舉人才，像鄭孝胥、羅振玉、王國維等飽學之士充任南書房行走。

此外，他只任用了兩位滿族人，一位是老岳父榮源，這是溥儀最信任的私人「錢匣子」。另一位是鑲紅旗蒙古副都統金梁，他當過張學良的老師，而且主張密圖復辟。

可治理腐敗打哪兒入手呢？溥儀執意從身邊的內務府入手，任命金梁為內務府大臣。金梁起草了一摞文件，可謂頭頭是道，看得溥儀心花怒放。但因為他提出讓溥儀父親載灃退出，載灃大怒，金梁最終請辭。

溥儀覺得莊士敦看得很準，不能全部任用滿族大臣，因為皇族關係千絲萬縷。此後，莊士敦提議由老朋友李經邁清理內務府資產，可他不肯來，勉強推薦一位親戚上任。內務府表面沒反對，卻推出溥儀父親阻擋，而溥儀堅持己見。而李經邁的親戚沒出三個月，實在幹不下去。

溥儀又選用了莊士敦和陳寶琛一致推薦的鄭孝胥。莊士敦尤其看好鄭孝胥，認為他是二十多年來沒見過的人才，道德文章全國再也找不出來第二個。溥儀和他一次長談過後，大為激動，鄭孝胥從盤古開天地說到大清中興，慷慨激昂，聲淚俱下。溥儀再一細問，鄭孝胥是陳寶琛的同鄉，又當過廣西地方官，還任過駐日本神戶總領事。沒多久，溥儀破例任命鄭孝胥為首席內務府大臣。

溥儀與鄭孝胥

　　鄭孝胥的第一招是，裁撤內務府官吏。上任第一天，他就把領頭為難他的內務府堂郎中開缺，立即讓自己親信接替，可不妙的是，內務府上下並不配合。

　　鄭孝胥並不灰心，遂提出一個大膽的機構改革方案，由溥儀親自批准實施。在其頒發的聖旨中，明令：「內務府及皇室各衙門，事多專司⋯⋯不無冗員，自應酌其繁簡，量加裁併。」

　　面對許多人反對，溥儀毫不動搖。內務府人員由一千多人裁至三分之一，可見他決心之大。由於內務府官吏相當一部分是皇親國戚，這些人被端掉了飯碗，激起強烈反彈，留下的人員大多消極怠工，內務府名存實亡，基本陷於癱瘓。

　　第二招是，推行節儉執政。鄭孝胥召開座談會，一位部下

第二十二章 整頓內務府失敗內幕

2
1
5

出了個主意，宮中各處經常祭祀，大量貢品造成浪費，不如用泥的和木雕來替代。鄭孝胥認為是好主意，頒令執行且由其人負責實施。

由於鄭孝胥堵了眾人財路，成了內務府最恨之人，反腐進行不下去。

第三招是，查清內務府財產家底。內務府賬上實際是負數，只有田產和房地產這兩項不動產。可是遍佈全國各地的皇家田產，豈是一介文人鄭孝胥所能弄清的。幾乎所有官吏都在糊弄他，而他手中始終是一筆糊塗賬。

不久，鄭孝胥收到了不止一封恐嚇信：斷人財路，當心你腦袋。

但溥儀不想就此罷手，可有一天，表面膽小怕事的原內務府大臣紹英突然又出現在溥儀面前，還捎來一句話，如果鄭孝胥再這麼鬧下去，皇上這邊有甚麼事，他可就管不了啦。

溥儀一聽這話，立馬讓鄭孝胥把內務府大印和鑰匙交還紹英。讓紹英捎話的人是誰呢？

可以說，溥儀沒能實現復辟大清，而內務府卻實施了全盤「復辟」──依然如舊。

溥儀派莊士敦出馬治理頤和園

鄭孝胥見莊士敦成天鼓吹任命非滿族人治理內務府，索性建議溥儀由莊士敦前去整頓頤和園。因按照《清室優待條件》，溥儀早晚要遷往頤和園。儘管遭到內務府群起反對，溥儀親自找莊士敦談話：「朕讓你整頓頤和園，你能不能幹好？」

莊士敦信誓旦旦，向皇上表決心：既然皇上信任，我一定替皇上分憂。我既不是皇族，也不是漢人，沒有任何顧慮。於是，溥儀親自頒旨，讓莊士敦走馬上任。

無獨有偶，莊士敦也接到了恐嚇信：你如果膽敢上任，路上就會遇到刺殺。莊士敦公開聲明：騎馬上任，看誰敢殺我！

這倒無意中辦了一件好事，有史以來頤和園發售門票，第一次對普通百姓開放。據國舅潤麒回憶，莊士敦吃住在那裡，也不講情面。一是把閒散人員開缺，降低工資，減少開支。二是把內務府把持的修繕工程，改成公開招標承包，得罪了不少權貴。

說到底，為甚麼溥儀管不住內務府和太監？根本上是因為他自己陷入了貪腐。在《我的前半生》中，溥儀坦誠承認：「至於我和溥傑採用的一賞一受，則是最高級的方式。我想的只是，別人都在偷盜我的財物。」可是太監私下卻聲稱：盜亦有道，你能偷大的，為甚麼我們不能偷小的？（參考莊士敦《紫禁城的黃昏》）

政者，正也。子帥以正，孰敢不正？溥儀整頓內務府失敗，真正內幕在於整到了自己身上。表面是鄭孝胥的失敗，實質上是查到了倒賣宮內國寶的最大竊賊是溥儀。焉有不敗之理？

原來給溥儀捎話之人，竟是步兵統領王懷慶，昔日的九門提督。鬧了半天，溥儀始終畏懼握有兵權之人。

誰能想像，老太妃由溥儀在宮中追看群狗和公牛打架，居然又從《推背圖》算出了皇城末日。

溥儀被趕出宮前，其父載灃和帝師陳寶琛不止一次赴南苑駐軍營地，試圖勸説馮玉祥勿「逼宮」，均以失敗告終，終於發生溥儀被驅逐出宮的歷史一幕。

第二十三章

老太妃從《推背圖》算出皇城末日

《推背圖》的預言

宮外人鮮知，溥儀從小就愛豢養小動物，如猴子、駱駝、牛、狗等，甚至養過金魚和螞蟻。最令人匪夷所思的是，他還曾養過一群牛和狗，尤其所養的群狗，格外與眾不同，乃一種「宮狗」。據老太監信修明記載：「『宮狗』者，乃大內所畜之小犬也，又名『龍狗』。」

信修明還曾回憶說，一位朋友送給自己一隻宮內小犬，僅一年便長大成形，身長兩尺，善解人意，擅長搏戰。素來喜歡在宮內閒逛的溥儀，打聽到太監信修明處所養的「龍狗」厲害無比，便親自牽着二十多隻大狗來到信修明住處，公然上門挑戰。誰也沒想到，溥儀攜來的大狗，竟然全部敗北，「夾尾而逃。帝不惟不怪，必抱起而愛之」。

溥儀還有一個宮外人所不知的愛好，即最愛看群狗和公牛打架，百看不厭。一次，溥儀所豢養的公牛在群狗攻擊下，實在難以招架，忽然跑出宮門向西長安街狂奔而去。但群狗緊追不捨，上演了一場「追牛鬧劇」，宮內太監死活攔截不住，險

些鬧出人命來。

哪知，溥儀豢養公牛被群狗追咬出宮這件怪事，竟然傳到了榮惠皇貴太妃耳中。她煞有介事地說：「群狗欺負公牛，這可是關係愛新覺羅家族前途命運的大事。」

她悄悄地派太監喚來為溥儀伴讀的溥傑，來到重華宮。剛見了面，榮惠老太妃便表情沉痛地說：「你沒聽說嗎？皇上近來時常讓狗來咬牛，把牛都咬傷了。你知不知道？在《推背圖》上，牛是象徵清朝的。群狗咬牛，這可不是甚麼好兆頭。可我不好直接勸阻皇帝。你還是回家跟老福晉劉佳氏說說，讓她到宮裡來一趟，想法子勸勸。這事太大，我可不能眼睜睜看着不想法子呀。」

這裡說到的《推背圖》，是中國古代著名的預言奇書，相傳唐太宗李世民為推算大唐國運，下令兩位著名天相家李淳風和袁天罡編寫，竟推算至大唐後中國兩千多年命運。書名由來，有兩種說法。一是袁天罡推了一下李淳風後背，說：「天機不可再泄，還是回去休息吧。」另一說，是源於《推背圖》最後一卦，「萬萬千千說不盡，不如推背去歸休。」

據說，自元代以來，《推背圖》便是「禁書」。據元史記載，「《推背圖》有私習及收匿者罪之」。當溥儀出宮後，有人發現宮內確實收藏有《推背圖》，顯然老太妃說法並非虛構。

溥儀的老祖母劉佳氏聽說此事後，隨即進宮來找溥儀談話。轉了很大彎子，她才把群狗不可咬公牛的大道理述說一遍。這雖使溥儀甚感不解，卻也為老祖母的煞費苦心而感動。此後，溥儀終止了事涉「社稷」安危的遊戲。數十年後，溥儀

在撫順戰犯管理所將此事寫入了一份類似「檢討書」的書稿。

當「群狗咬牛」事發生不久，端康太妃突然發病。早在夏天時，溥儀的二妹韞龢進宮，就曾見到端康太妃坐在椅子上已穿上了冬天的棉襖。端康太妃在永和宮猝然去世後，靈柩移奉慈寧宮。據老太監信修明回憶：甲子春夏間宮苑之花多歧出並頭，人皆以為瑞。端康曾歎曰：「此妖異也。孝欽與孝定賓天時，花多異彩，我將歸去乎。」（孝欽，係指孝欽顯皇后，即慈禧太后；孝定，係光緒的皇后，即孝定景皇后隆裕。）

「言時有無限感慨。（陰曆）八月十五日，皇上至永和宮請安，請皇阿娘至養心殿賞月度節，不邀他宮⋯⋯夜過子時，樂

端康太妃與太監

而忘返，本宮首領請回休息，始回宮。因夜涼受寒，一病不起。至（陰曆）二十日薨於永和宮。按制，凡為妃嬪者，皆在禁外吉祥所（景山後街之東）殮入停靈，因時局緊張，只在壽康宮停靈。皇上，皇后哀痛盡禮。至十月初七日，突有逼宮之變，皇上出宮。十九日，移停端康之柩於廣化寺。」

載灃和帝師勸馮玉祥失敗的內幕

1924 年 11 月 5 日這天，溥儀被逐出故宮。

此前，一天溥儀在御花園用望遠鏡向外偷偷瞭望，見到景山和守衛紫禁城的軍隊一律換成了國民軍的灰色軍服，不由大驚失色。溥儀連忙繼續打聽，得到的密報是，馮玉祥在此之前已收編了警衛紫禁城的陸軍十六師，同時率兩師人馬駐兵南苑。溥儀的身邊人不斷跑來稟報：「大事不好，皇上可能要被轟出故宮。」

溥儀與各位帝師商量的結果是，不管利用任何方式也要說服馮玉祥。這裡再披露一則史料。雖然載灃不主張溥儀投奔日本人，但對力保溥儀留居宮內的「遜帝」地位，卻不遺餘力。一般人所不知的是，載灃在溥儀出宮前，不止一次趕赴南苑駐軍營地，試圖親自勸說馮玉祥不要「逼宮」。

馮玉祥統轄的國民軍，官、兵軍服一個樣式，根本看不出任何區別。當載灃被讓進南苑駐軍的客廳之後，只見一個身穿灰布軍大衣的大漢背着臉站在那兒，便認定這個人一定是馮玉祥的聽差，就客氣地詢問：「請問，馮檢閱使在營裡嗎？」

沒想到，那個大漢隨即轉過身，聲音洪亮地回答說：「我

馮玉祥

（1882 年—1948 年），原名基善，字煥章，原籍安徽省巢縣，生於直隸青縣（今屬河北滄州市）。中國國民革命軍陸軍一級上將，1935 年任國民政府軍事委員會副委員長。1948 年 7 月回國參加新政協會議籌備工作，因輪船失火遇難。

就是馮玉祥。」

載灃聽了，不由大吃一驚。兩人以這種意外方式相見，自然話不投機。沒說幾句話，馮玉祥便下了逐客令。

之後，載灃再次與馮玉祥當面晤談，也贈送了貴重禮品，但馮玉祥只是禮而賓之，絲毫不為之所動，結果載灃垂頭喪氣，失敗而歸。其實，溥儀此前也曾派帝師陳寶琛去拜望過馮玉祥，想藉機籠絡他，以保全溥儀的帝位。陳寶琛臨行前，對溥儀說：「聽說，馮玉祥治軍有方，和一般軍閥不同。」陳寶琛想了想，只是以個人慰勞的名義前去看望。馮玉祥倒是見了面，也交談了不短時間，卻沒收到任何效果。

回宮之後，陳寶琛盛讚馮玉祥的部隊軍紀嚴明、經常從事修橋補路的善事，且馮玉祥為人豪爽。對於沒成功的原因，陳

寶琛則不知所云地對溥儀說，馮玉祥可能對「帝師」的身份不感興趣，對這種溝通，根本不搭理。他提議，這得由溥儀親自出面。事實上那根本不可能。

其實，溥儀早就感覺局勢不妙。就在前不久召開的民國國會上，一批議員集體提出了廢止優待條件、由民國政權接管紫禁城的議案。理由是，溥儀竟然為去世的「復辟元兒」張勳賜「諡」，又賞漢人鄭孝胥在紫禁城騎馬並授內務府大臣。那些國會議員，對溥儀發出幾乎一致的討伐聲。

溥儀見到報紙上的消息，慨然長歎一聲。見此，婉容的弟弟潤麒不解地問他：「皇上發生甚麼事，怎麼唉聲歎氣哪？」

溥儀坦言：「哎，潤麒你年紀還小，還不太懂。我出宮，是早晚的事兒。」

國舅潤麒根本不信。可沒想到，「皇上」出宮如此之快。更使溥儀擔心的是，風聞優待條件將被取消。因為此時京畿警備司令鹿鍾麟建議緊急召開內閣會議，討論修改優待條件。

實際上，民國政府根本沒把溥儀放在眼裡。並沒完全經過溥儀同意，幾經修改後的《清室優待條件》，仍藉溥儀名義做了修改：

今因大清皇帝欲貫徹五族共和之精神，不願違反民國之各種規章制度仍存於今日，特將清室優待條件修正如下。

其主要內容有以下五條：

一、大清宣統皇帝即日起，永遠廢除皇帝尊號。

二、自本條件修改後，民國政府每年補助清室家用五十萬元。

三、清室按照原優待條件，即日移出禁宮。

四、清室之宗廟陵寢永遠奉祀，由民國酌衛兵妥為保護。

五、一切私產歸清室完全享有，其一切公產當歸民國政府所有。

內閣會議還決定，籌備成立「清室善後委員會」。

僅從以上修改的《清室優待條件》簡要條款以及成立的善後機構，就不難看出，溥儀和遜清皇室的待遇發生了根本變化。這五條「優待條件」招招見血，帝號被廢除，每年四百萬兩銀子沒了，遷出故宮，宮內財產歸民國政府所有。

顯然，溥儀出宮已勢在必行。

溥儀被迫出宮

1924 年 11 月 5 日，發生了溥儀被驅逐出宮的歷史一幕。那天上午，在京畿警備司令鹿鍾麟帶領下，二十名持手槍的士兵從神武門殺氣騰騰闖入紫禁城，威風凜凜地讓內務府大臣紹英向溥儀轉達命令：「立即請『遜帝』遷出宮外！」

紹英故作鎮靜地指着鹿鍾麟，問道：「你不是故相鹿傳霖一家的嗎？」鹿鍾麟板起了面孔，沒搭理他，只是冷冷回答：「這是執行國務院的命令。」

溥儀顯得焦急萬分，一邊緊急找來父親載灃進宮商量對策，一邊以兩位老太妃不肯出宮為由，一直拖延到了下午兩點多。他想電話聯繫各方，但宮內電話線早就被鉸斷，溥儀根本無法與載灃和各界取得任何聯繫。而載灃則是聽到消息主動趕來的，見到溥儀時，顯得神態十分慌張。

其實載灃比誰都更焦急。載灃平常雖說漢語，情急之下卻說

鹿鍾麟

鹿鍾麟（前）帶領士兵逼溥儀出宮，內務府大臣紹英（身穿長袍馬褂者）緊隨其後與之周旋

出了滿語，詢問溥儀出宮能不能帶上戈什哈、布庫。這裡所說的
「戈什哈」「布庫」，乃是滿語。譯成漢語，就是隨從、夥伴的意思。

聽到這些話，溥儀頗不耐煩地說，說這些都沒用，關鍵是
保命要緊哪。

正說話之際，溥儀見太監突然跑來，向他稟報了一個更驚
人的消息：淑妃文繡要自殺！據說，文繡手持一把剪刀，披頭
散髮從長春宮一直跑到乾清宮台階下，大喊：誰敢強迫皇上出
宮，我就立時死給他看！……

眼見要出人命，許多人不敢上前，宮內立時大亂。僵持到
最後，她那一把鋒利的剪刀終於被奪下，淑妃只好被迫加入出
宮的隊列。

歷史結果總是出人意料。溥儀被迫出宮，乃歷史上一件大
事。其意義不止武力驅趕逐帝離宮，也不止為千年帝制畫上了
句號，而是杜絕了即使有可能的「君主立憲」，亦悄然隱埋下
偽滿洲國這一禍根。

溥儀被逐出宮過程中，真假傳聞滿天飛。所謂三種傳聞，卻並非空穴來風。

注：本章部分內容，採訪自末代太監孫耀庭，載濤遺孀王乃文等；參閱姜舜源著《紫禁城秘聞》等。

第二十四章

眾說紛紜的宮中「盜寶」

溥儀被馮玉祥逐趕出宮之事，轟動整個京城內外，而且出現了數不清的各種傳言。但究竟哪些是真，哪些是假？

三種盜寶傳聞

溥儀被逐出宮那天，國民軍總司令部所在地旃檀寺忽然中斷交通數小時。京城人紛紛傳說，這是馮玉祥從宮中盜走的珍貴國寶用了一批駱駝馱運，為的是對外嚴密封鎖消息。後來經有人仔細查詢，才發現這是旃檀寺突發火災所致。

一些遺老遺少聽説後，還幸災樂禍地説，馮玉祥逼宮，才引起火災，這是天意啊。實際這是一派胡言。

所謂馮玉祥盜寶之事，已被斷定是子虛烏有。但對於鹿鍾麟、張璧的所謂宮中盜寶，始終被傳說得有鼻子有眼。眾説紛紜，真假到底如何？仍然有待於新的史料證明。但三種傳聞，卻並非空穴來風。

當張璧進宮交涉溥儀出宮事宜，來到養心殿面見溥儀時，突然發現溥儀的帽子上嵌有一顆巨大的珍珠，斷定是天下最大的珍珠，可謂價值連城。張璧眼珠一轉，動開了腦筋，隨後佯

張璧
字玉衡。河北霸縣人。馮
玉祥入京後，時任京師警
察廳總監的張璧，曾協同
馮部鹿鍾麟將軍驅逐溥儀
出宮。

裝開玩笑似地從頭上摘下自己警察總監的官帽，扣在了溥儀的帽子上。

　　這個特殊舉動嚇了溥儀一跳，猜不透張璧的葫蘆裡賣的甚麼藥。哪知，張璧進而威脅恐嚇了溥儀一番，你要不老實，小心你的性命如何等等。之後，臨走時裝出漫不經心的樣子，順手牽羊地把兩頂帽子一起全扣到了自己頭上。

　　據說，張璧事後不敢在京城銷贓，悄悄把帽子上的這顆稀有寶珠拿到天津，變賣了一筆天價，儼然成了巨富。

　　直到多年後，還有古董巨商託人向溥儀打聽那顆寶珠的下落。這時，溥儀才恍然大悟，張璧戴走兩頂帽子是為了智取那顆國寶帽珠。

　　第二件事，溥儀出宮之後，有人親眼見到鹿鍾麟的孩子竟然手攥着宮內的珍寶古月軒的「琺瑯彩」瓷瓶在家門口玩耍。人所共知，古月軒的瓷器，乃是康、雍、乾三朝專門進奉宮廷

的官窯「琺瑯彩」，不僅價值頗高，而且民間決然沒有。於是人們議論紛紛，如此珍貴的國寶瓷器，鹿鍾麟既然能讓孩子隨便拿出來玩兒，可見他家中有更好的奇珍異寶。

第三件事，與溥儀有關。宮中珍藏的「三希堂法帖」，即王羲之的《快雪時晴帖》、王獻之的《中秋帖》和王珣的《伯遠帖》，始終被乾隆皇帝珍藏在養心殿西暖閣的三希堂。一直居住在養心殿的溥儀，自然知道「三希堂法帖」的重大價值。

人所罕知的是，溥儀出宮之際，並沒忘記暗中吩咐手下心腹去養心殿西暖閣，把最具書法價值的《快雪時晴帖》，私藏

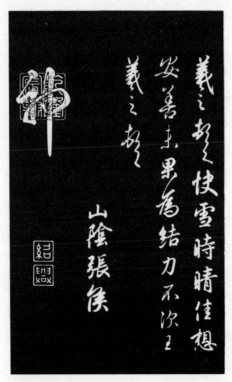

《快雪時晴帖》

在行李捲中攜出宮外。沒想到意外在神武門被把守宮門的國民軍搜出。頓時，溥儀被嚇得魂飛天外。

幾經交涉未果，表面膽小怕事的溥儀以保命為要，只得遺憾地放棄了《快雪時晴帖》。據曾任台北故宮博物院副院長的莊尚嚴先生所知，溥儀攜《快雪時晴帖》在故宮神武門被截獲後，清室善後委員會即派人買來裝有對字暗鎖的大保險櫃，放置在善後委員會的辦公地點神武門西邊的一間小屋內，派士兵日夜守護。此後，奉軍頭子張作霖曾派手下前來強行索要《快雪時晴帖》，未果。

溥儀也一直關注着「三帖」的下落，但始終知之不詳。1933 年上半年，包括《快雪時晴帖》在內的四批故宮文物，被暫存上海法租界天主教堂。四年後，轉移至故宮博物院南京分院。當日寇侵佔上海後，這批珍貴文物在貴州安順縣城外的天然溶洞藏匿五年，又遷至四川巴縣。1948 年 9 月，包括《快雪時晴帖》在內的故宮文物，被運往台灣。至今，《快雪時晴帖》仍收藏於台北故宮。

這裡還有一則和溥儀有關的趣事。溥儀出宮後，北京大學胡適等三十位社會名流，作為「清查幹事」，參加了故宮文物清點。其中最有意思的是，鼎鼎大名的魯迅亦在其中，名單上的名字是「周樹人」。有人提出「幹事」的稱謂不夠檔次，大多社會名流改成「顧問」之銜，然而，就職於民國教育部的魯迅仍只是一名「助理員」。據說魯迅從始到終「絕未到會一次」。而另據故宮元老單士元回憶，魯迅確來過故宮，只是次數很少罷了。

簡言之，溥儀在軍隊押送下悵然若失地離開了紫禁城。對

於溥儀的離宮時間，有幾種不同記載，而內務府大臣那桐的記載較為可信：「夏曆十月初九，於下午三時出宮，暫住醇王府。」（《那桐日記》）。

溥儀一行人被汽車送到什剎海畔的醇親王府，即他的父親載灃家裡。太監孫耀庭隨溥儀和婉容一下車，便見持槍的國民軍站上了崗，於是悄悄地對另一個小太監說：「這可不好，好像又進了牢籠啦！」

此話不假，這等於把溥儀又裝入了一個結結實實的「罐子」裡，輕易無法脫身。

據說當年溥儀出宮後，連晨鐘暮鼓這個沿襲多年的佛教習俗，也莫名其妙地發生了變化。不知甚麼原因，紫禁城正北方位的鐘鼓樓驟然停止了報時。唯有鐘樓到了大年三十，仍準時鳴鐘報時，老北京人才有幸能聽到除夕一夜連雙歲的美妙鐘聲。

談起溥儀出宮，可能會有人問起，宮中三位老太妃到底出宮與否，她們最後的結局又如何？

遜帝出宮前後的三位老太妃

出宮前，溥儀面臨如何處置名義上作為養母的這幾位老太妃。

先說端康太妃，她是光緒皇帝的妃子、珍妃的姐姐。在溥儀出宮前的 1924 年 10 月，恰巧在宮中去世，年僅五十二歲。

另兩位老太妃，都是同治皇帝的妃子，一位是敬懿皇貴太妃，另一位是榮惠皇貴太妃。當鹿鍾麟帶領的軍警逼宮時，這二位老太妃死活不肯出宮，還找到了溥儀大鬧，渾身打哆嗦。

這也是一句老北京話，意思是被氣得渾身哆嗦、渾身顫抖、打戰的意思。

溥儀可煩死了，只好讓內務府大臣紹英去找鹿鍾麟商量。軍隊因為怕鬧出人命來，只得妥協一步，勉強同意二位老太妃暫緩出宮。

直到溥儀出宮十五天後，這二位老太妃才走出宮門。實際上，敬懿太妃和榮惠太妃這兩位老太妃在宮內，可一直沒老實，始終在醞釀如何把宮中國寶搗騰出宮，遂引發一系列故事。此前，敬懿太妃由於略懂書畫，便偷偷把王獻之的《中秋帖》和王珣的《伯遠帖》先是轉移到壽康宮，後來又被這位老太妃偷運出宮，帶回了娘家。

不久，敬懿太妃又叫貼身太監，私下把這兩幅珍貴字帖，偷偷賤賣給京城後門橋一家小古玩店「品古齋」。

故事堪稱曲折。《中秋帖》和《伯遠帖》輾轉至台灣、香港，被抵押給英國匯豐銀行。新中國成立後，故宮博物院按照周恩來總理指示，赴港用五十萬港幣回購二帖。1951 年 12 月，國家文物局局長王冶秋親自將《中秋帖》和《伯遠帖》送還故宮，至今仍收藏於北京故宮。

直到五十年代末期，溥儀被特赦之後，返回京城之後許久，才始獲「三希堂法帖」的最終下落。

兩位老太妃的最終結局

至於宮內兩位老太妃的下落，據內務府大臣《那桐日記》的當年記載：「二位貴太妃於十月二十五日出宮，暫住老公主府。」

太妃箱籠出宮照片

在此之後，敬懿太妃和榮惠太妃又一起遷住京城東城區麒麟碑胡同。值得提到的，有這樣一件事。溥儀後來欲當偽滿康德皇帝，登基之前卻沒有龍袍可穿，正是荣惠皇貴妃獻出光緒皇帝穿過的龍袍，這才救了駕。溥儀出於感恩，不止一次讓二妹韞龢代他前去看望老太妃。

兩位老太妃被趕出故宮，遷進京城的普通胡同裡居住，這成了轟動京城的一大奇聞。此後，看望兩位老太妃便成了醇親王府眾人的「功課」。起初大人想起來，便讓溥傑領頭帶着二妹韞龢和三妹韞穎兄妹幾人去一趟，也沒準日子，逢年過節倒不一定去拜年。雖然，韞龢和韞穎跟隨溥傑多次看望過老太妃，卻從沒在那兒吃過一次飯。

　　韞龢始終記憶猶新的是，兩位太妃居住的院落，只是一個中等的普通宅院，而且坐落在不算寬的胡同裡。到後來溥傑去了天津和偽滿洲國，每次看望老太妃的大多是婉容的母親領着姐弟前去，送上禮品之後，兄妹四人給老太妃請過安，婉容的母親就和兩位老太妃坐下聊天，她們叫一聲「主子」就算完事，餘下只是靜靜站在一旁觀看。

　　瞧上去，兩位老太妃依然「譜兒」挺大，盤腿坐在炕上，嘴裡叼一根特長的純銀水煙袋。韞龢親眼見到貼身太監跪在地上，給老太妃的水煙袋點上火之後，仍然跪在那兒托着長長的水煙袋桿。

　　在聊天之中，她聽到兩位太妃仍然稱溥儀「皇帝」，可從她們穿戴和服飾上，已瞧不出跟京城富家老太太有何區別。她們的日常生活仍然由太監服侍，宮女和保姆沒剩下幾個，比起當年的宮廷生活不啻天壤之別。

　　到後來，載灃時常讓子女隔三岔五去看望老太妃，雖無實質意義，卻是遠在偽滿的溥儀讓去的，這依然是「聖旨」。最使韞龢難忘的是，出宮的兩位老太妃居然仍惦念着她的新婚，還按宮裡的舊規矩分別送來了「尺頭」，以示賀婚。婚前，韞龢和韞穎曾去京城專門向兩位老太妃請安，仍然是婉容的母親領她倆前去的。

　　兩位老太妃先後病逝，並非默默無聞，而是又驚動了整個京城。敬懿皇貴太妃於 1932 年 2 月 5 日（即辛未年陰曆年除夕）病逝，棺槨曾暫存京城柏林寺。一年後，榮惠皇貴太妃於 1933 年 5 月 18 日傍晚七時許去世。榮惠太妃的喪事仍然是載濤操持，相比敬懿太妃的大喪，從簡了不少，首先免去了「出

殯」，這是因為怕太過張揚再遭非議，僅在麒麟碑胡同宅院內砌了一個暫停靈柩的磚丘。她安葬之際，由於前門太窄，只好從位於府學胡同的後門將棺材抬出來。

然而，兩位老太妃的棺槨，不能久停京城之內而不下葬。直到幾年後的 1935 年，載濤跟恭親王的後人溥忻商量，敬懿太妃的靈柩不能總停在柏林寺，榮惠太妃的靈柩停在麒麟碑胡同更不是事，應該盡快入土為安才是。溥忻點頭稱是，於是叔侄倆分別充任主祭、陪祭，三跪九叩地祭奠兩位皇太妃。

1935 年 3 月 14 日寅時，敬懿太妃和榮惠太妃的遺體分別葬於河北遵化縣雙山峪惠陵。至此，溥儀的養母即同治皇帝的兩位老太妃的後事，才算最終有了着落。

歷史的細節，總是耐人深思。無論是偷偷挾國寶出宮的老太妃還是溥儀，或是張璧、鹿鍾麟都在逼宮過程中飽私囊，只是空留下了歷史的笑話。《快雪時晴帖》《中秋帖》和《伯遠帖》的輾轉流失過程，自當引起世人的深刻思考。

溥儀如何灰頭土臉離開紫禁城？遜帝一行人在荷槍實彈押解下，暫

先躲進什剎海北岸的醇親王府棲身。竟有一位皇族聲稱，要用匕首

刺殺馮玉祥和鹿鍾麟。

張璧逼迫溥儀交出傳國玉璽，可難壞了溥儀。而溥儀親派內務府大

臣坐鎮，從宮內搬出每個重十多斤的福祿壽喜金元寶，共十萬多兩

存入鹽業銀行，遂成溥儀的復辟基金。

醇親王府溜進四位神秘客人。先後演繹出了哪些精彩故事？

溥儀悄然在醇親王府會見《國際公報》記者李佳白，撒下一枚甚麼

煙幕彈？

第二十五章

避禍醇親王府秘聞

　　溥儀在軍隊的荷槍實彈押解下，灰溜溜離開紫禁城，暫先躲進了什剎海北岸的醇親王府棲身。這發生在 1924 年 11 月 5 日。外界所不知的是，溥儀躲進醇親王府後，居然撒下了一團迷霧。溥儀想幹甚麼，連載灃也不知道。到底溥儀的葫蘆裡究竟賣的甚麼藥？

溥儀被軟禁王府內

　　就在溥儀一行人惶然邁進王府那一刻，便發現醇親王府門口駐有馮玉祥的國民軍持槍守衛，四周已被團團包圍起來，任何人都不准隨意進出。他實際被軟禁在了醇親王府內。整個醇親王府的人似乎都成了熱鍋上的螞蟻，亂成了一鍋粥。

　　溥儀被突然轟出故宮，無疑引起了國內外軒然大波。溥儀出宮第二天，曾三次出任民國總理的段祺瑞，公開致電馮玉祥：「優待條件，全球共聞。雖有移駐萬壽山之條，緩商未為不可。迫之，於優待不無刺謬，何以昭大信於天下乎？望即從長計議。」

　　饒有趣味的是，馮玉祥的覆電，異常簡明卻意味深長：「此

次班師回京，自愧尚未做一事，只有驅逐溥儀，乃真可告天下後世而無愧。」

實際這說出了他的心裡話——要做一件名垂千古之事，反悔是絕不可能的。

皇叔載濤心急如焚，經過多次斡旋才邁進醇親王府與溥儀會面。可表面看起來，溥儀倒是挺有閒心，他首先讓手下從宮中把他喜愛的德國狼狗狒格牽來。相比之下，他父親載灃卻好像患上了精神失常，焦躁不安且不停地在屋內走來走去，急得團團亂轉，完全沒了主意。終於，載灃和載濤密謀商定了兩條策略：第一是直接找馮玉祥交涉；第二是藉助外國勢力施壓。

載濤在溥儀全權委託下，先跟兒子溥佳一起找到鹿鍾麟，當面「稟報」，實質是一種有條件的談判。晚年時，溥佳寫過

宣統年間的載灃（中）與載洵（右）、載濤（左）

一篇回憶，客觀記載了受命於危難之際的載濤父子倆，共同找到鹿鍾麟提出八條請求。主要是保障溥儀等人生命安全，取消對溥儀行動自由的限制，從內務府臨時取出部分錢物供其使用……

這八條並無過分要求，但談判過程卻異常艱苦，尤其曾參與「逼宮」的警察總監張璧，竟然提出要求溥儀首先交出傳國玉璽，這一度使談判陷入僵局。

溥儀所向何方？

面對張璧的要求，載濤隨機應變，和顏悅色地告訴鹿鍾麟，所謂「傳國玉璽」早已失傳，清朝歷來的規矩是一任皇帝繼位鐫刻一次，至今全部仍然存放宮中交泰殿，可派人隨時清點。談來談去，最終總算解了圍。

載灃面見馮玉祥遭到拒絕，心生膽怯，不敢再面見馮玉祥，只好由七弟載濤當天赴旃檀寺的馮玉祥司令部，乾脆與馮玉祥直接面談。

哪知，這也竟然遭拒，説是馮總司令太忙，讓黃郛代總理接待皇叔。載濤心裡頓然有了底，因為這裡還有一層外人所不知的特殊關係，他當年擔任軍咨府大臣時，曾保送黃郛赴日留學，總歸老面子還有點兒用。

見面後，黃郛信誓旦旦，保障溥儀生命安全，但對於恢復溥儀人身自由問題，卻沒法做主，聲稱要與段祺瑞和張作霖商量。載濤返回醇親王府，向兄長通報了四處疏通的細節，載灃這才稍稍放下心來。

黃郛
（1880 年—1936 年），字膺白，號
昭甫，浙江紹興人。民國時期著名
政治人物。1924 年參加馮玉祥領導
的北京政變，代理內閣總理，並攝
行總統職權。至段祺瑞復出，被迫
辭職。

　　至於藉助外國勢力施壓，則比預料簡單得多。11 日那天，
載濤與莊士敦一起，仍然去找老朋友即駐華外交使團團長、荷
蘭公使歐登科。歐登科還算挺給面子，幾經磋商之後，遂擬定
兩條意見：一是致電馮玉祥，必須保證溥儀生命安全；二是盡
快恢復溥儀人身自由。

　　隨後，荷蘭公使歐登科表態，你們放心吧，即使明天的公
使團會議發生異議，荷蘭方面也一定會單獨堅持這一主張。之
後，載濤又在莊士敦陪同下，先後到英、法、意等大使館遊說
一輪。載濤百般周旋於各國使團之間，使大多數使團對保障溥
儀的生命安全做出了承諾。

　　病急亂投醫。這時載灃想起管家張文治交遊廣泛，於是找
他來一起想辦法。哪知張文治居然一口答應，並立即出面聯繫

他的把兄弟張作霖。這樣由載灃領銜再加上載洵、載濤、載潤、載澤等人聯名，以全體皇族王公名義，致信張作霖要求「大帥」盡快解救溥儀，恢復「皇帝」自由。

連夜，張文治手持此信連夜奔赴瀋陽。此時醇親王府內，政治主張上仍是各持己見。莊士敦這一派主張依靠英、美等外國勢力。鄭孝胥和羅振玉這二人則力主依靠日本人的勢力。有的人更為激進，竟然異想天開地提出乾脆藉助外國軍隊劫走溥儀。但是，陳寶琛、朱益藩等遺老派為防止釀成大亂而極力反對。

溥儀頭腦很清楚，另有思路。他藉口妻子多日沒換衣服，提出從宮內拿出日常用品以及私用錢，經過交涉，他讓內務府大臣在軍警監督下，從宮內拿出了每個重十斤的福祿壽喜金元寶，共計十萬多兩金存入鹽業銀行。這成了溥儀的復辟資金。（可參閱吳瀛《故宮塵夢錄》）

在此期間，王府內先後來了幾位有意思的客人。一天，鄭孝胥讓日本駐京公使館武官和醫生換成便衣以給溥儀看病為由，偷偷帶進醇親王府內，當面與溥儀詳細策劃了潛逃至日本公使館的計劃。實際這已埋下了溥儀投日的伏筆。

不久，溥儀突然接到王府門口傳報，一位將軍拜訪。開始來人執意不肯通報姓名，直到見了面，溥儀才知這是著名的「狗肉將軍」張宗昌。剛一進屋，張宗昌仍然對他恭敬地口稱皇上，馬上就要跪下磕頭。溥儀攔住了他，吩咐看茶，這使張宗昌受寵若驚。他對溥儀說，你是我們永遠的皇上，如有用得着的地方，我願效力，肝膽塗地。

雖說是幾句空話，但此時溥儀被軟禁在王府，還有一位八竿子打不着且手握兵權的將軍前來看望，這使溥儀十分感動，

溥儒
（1896 年—1963 年），字心畬，恭
親王奕訢之孫，著名書畫家，與張
大千並稱為「南張北溥」。一度留
學於德國柏林大學，曾任教台北。
1963 年逝世於台灣。

直到許久仍然和他保持着聯繫。送走狗肉將軍，又來了一位皇
族近親，還發生了一個可笑的「插曲」。

　　來者乃是溥儒，他由溥佳陪同，前來府裡拜見溥儀。剛開
始，溥儀在大書房裡接見他，溥儒見往來人多，就神秘地對溥
儀說：「奴才有密奏的要事，這裡人太多。」

　　於是，溥儀拽着他和溥佳避開眾人，來到寶翰堂。剛一進
門，溥儒就立時跪倒在地，痛哭流涕地對溥儀說：「奴才見皇
上竟然到了如此地步，心裡難受極了，我一定要用這把匕首刺
殺馮玉祥和鹿鍾麟。」溥儀頓時被嚇壞了，連忙搶上一步，將
那把帶套的匕首奪到手裡，小聲叮嚀說：「你忠心可嘉，但是
你不顧一切，有百害無一利，那樣只會激化矛盾。你可千萬不
要任性胡為啊。」

　　隨即，溥儀又轉過身來，一再叮囑溥佳不能對外人透露。
返回樹滋堂，溥儀從懷中掏出那把所謂匕首一看，不禁大笑失
聲，原來這只是一把畫畫兒用的裁紙小刀。歷史總在重演，當

年溥儀遜位前，不就是有一位皇族的兄弟，要用一把匕首刺殺袁世凱嗎？如今又來了一位所謂「勇士」。

溥儀哭笑不得，苦笑着將這把裁紙小刀輕輕放在書案上，此後時常提起這則笑料。

藏身日本公使館

否極泰來。11 月 24 日，段祺瑞就任民國臨時執政第一天，頭一件事就是下令解除對溥儀的監視。醇親王府門口把守的士兵雖然仍在站崗，卻已允許眾人進出府門。

醇親王府內的眾人，尤其是溥儀頓時露出多日不見的笑容。眼見事有轉機，載濤鬆了一口氣。但他並不清楚的是，溥儀在鄭孝胥等人策劃下，早已暗中投向了日本人。而載濤始終對日本人十分反感，這使叔侄二人之間產生了一道鴻溝。顯然，載濤已經預見到了並不美妙的未來。後來他曾長歎一口氣，對妻子王乃文說：「唉，這簡直從天上到了地下，今後能平安活着就不錯啦……」

溥儀心中有數，這絲毫沒有解決眼前的困境。接着，溥儀悄然在醇親王府內會見了《國際公報》記者李佳白，極力想引起國際對他的關注。有意思的是，這位記者是由父母一起陪同來見溥儀的。

起初，溥儀先讓醇親王載灃代自己會見這位記者。剛一見面，載灃便對於剛剛發表的關於溥儀被驅趕出宮的客觀報道表示感謝，同時承諾願意設立一個國家博物館，展覽清室歷代國寶。而李佳白對此不感興趣，而是急於見到溥儀。經一再要

求，溥儀由婉容陪同一起在四弟溥任的臥室接受了採訪，這位記者沒想到婉容竟是一口流利英語。記者的母親卻是一口純正京腔，於是溥儀順水推舟，用北京話與之交談了許久。

溥儀在接受採訪中，撒下一枚煙幕彈，說是不能在醇親王府久住，要在近期尋找一處京城住所。面對記者的詢問，溥儀更沒說實話，他說打算出洋，可能先去東洋接着去遊歷西方各國，還透露一年前就想出宮赴歐洲留學，由於眾人反對未能成行。在宮中生活和囚徒差不多，他不想遷居頤和園，這次出去更想以私人身份開闊視野。

當李佳白問起具體時間表時，溥儀卻含糊地回答說：「目前尚無確定日期，但切盼能早日實現。」

溥儀這番話在外國報紙發表後，外界頓時一片譁然，誰也弄不清他到底想幹甚麼。連載灃也不知溥儀葫蘆裡賣的甚麼藥，只是感覺情形不妙。

溥儀和二妹、三妹在日本公使館

果然不出載灃所料。11 月 29 日，溥儀私下瞞着載濤和載灃，在神不知鬼不覺情形下，由鄭孝胥和陳寶琛陪同，假藉去蘇州胡同看房子為名，悄悄溜出醇親王府，轉道德國醫院繼而一頭鑽進東交民巷的日本公使館。

　　這顯然是日本人蓄謀已久的計劃。日本公使芳澤謙吉早已在使館內騰出一幢小樓，以供溥儀居住。在這裡，溥儀和婉容以及前來探望的二妹韞龢、三妹韞穎、婉容之母等人在北京日本公使館合影留念。溥儀內心覺得，不知何時全家才能再團聚。

　　人生之路漫長，可關鍵就在那麼幾步。溥儀茫然站在一個三岔路口，猶豫不前。醇親王府的幾日，溥儀始終糾纏在所謂的復辟夢中。一失足而成千古恨。

始料未及的是，一位大名鼎鼎的神秘人物翩然而至
日本公使館。溥儀見後大吃一驚，沒想到來人竟是
北京大學教授胡適。

在《我的前半生》中，溥儀只講到前兩見胡適，其
實他至少三次見到。緣何獨少這一次？而溥儀究竟
怎麼看待胡適來訪？

注：本章部分內容參閱《胡適日記》、溥儀《我的前半生》
未定稿；薩蘇博客文章及其他文章；另參見《大陸》雜誌。

第二十六章

溥儀為何迴避三見胡適

溥儀究竟幾次見胡適？在歷史轉軌的關鍵時刻，溥儀與胡適的奇特往來，確有弄清的必要。

溥儀僅說兩見胡適而獨少一次

溥儀偷偷躲進了日本公使館。當溥儀得知胡適洞悉自己的秘密行蹤，愈加感到忐忑不安。

在《我的前半生》中，溥儀只講到了自己前兩次見到胡適的情形。其實，溥儀這次在日本使館見到胡適，至少是第三次。

第一次是溥儀出於好奇心打去電話，胡適這才進宮拜見，並口稱「皇上」。至於溥儀召見這位北大教授的軼事，民國報紙曾經登載了一則報道，說是溥儀的電話打給了北京大學教授胡適。按照溥儀的說法是，溥儀對剛引進中國不久的電話感到好奇，順手抄起電話本撥號，打給了剛剛裝上電話不久的胡適。但實際上究竟是怎麼回事呢？

據載，一位化名秉均學人的日本記者，發表了一篇《清帝復位說和袁氏帝制》的文章，其中他斷言，溥儀召見胡適並非一時巧合，而是有重要之事向他請教。

　　溥儀當年尚未滿十八歲，身邊已有一位英國教師莊士敦。對於久居深宮的溥儀來說，莊士敦令他很感興趣。可溥儀身邊那幾位老朽「帝師」，卻十分不喜歡他。而胡適正是這兩種人之間的交叉人物。

　　有人分析，溥儀約見胡適的直接原因，與溥儀探病陳寶琛有關。

　　日本記者秉均學人，在文章中是這樣描寫的：溥儀對這些帝師感情深厚，其中最親近的是陳寶琛。

　　溥儀在《我的前半生》中評價陳寶琛：在我身邊的遺老中，他是最穩健謹慎的一個。當時在我的眼中，他是最忠實於我、最忠實於大清的。在我感到他的謹慎已經妨礙了我，之前，他是我唯一的智囊。「事無巨細，咸待一言決焉。」這就是說，一度溥儀想幹甚麼事，幹與不幹，只聽憑陳寶琛一句話了。

　　的確，陳寶琛是溥儀幾位帝師當中任職最早、最受溥儀信任的一位老學究。可後來溥儀即將赴偽滿洲國當傀儡漢奸皇帝之前，陳寶琛聽說後，馬上從病床上掙扎着爬起來去東北勸阻。可溥儀這回並沒聽他的，一心夢想重登九五，復辟當皇上。

　　然而，這位帝師一次患了病，溥儀聽說後，馬上出宮前去他在西單附近的石碑胡同的宅中探望。據《釣魚台備忘錄》記載，1922 年，陳寶琛生病，溥儀的確前去探視。令他感到意外的是，他剛走下小臥車，就看見陳寶琛家外黑壓壓一片，幾十口人齊刷刷跪在門前。

　　溥儀愣住了。這是怎麼回事呢？他再讓太監前去一詢問，原來，陳寶琛聽說皇上前來探望，認為歷史上從沒有過皇上出宮看望下屬的先例，此乃違背祖宗之禮。於是，他就讓全家人

胡適

（1891年—1962年），原名嗣穈，學名洪騂，字希疆，後改名胡適，字適之，安徽績溪人。民國著名學者，詩人。以倡導白話文，領導新文化運動聞於世。曾出任國民政府駐美大使、北京大學校長。1962年在台北病逝。

跪在門前，阻止溥儀入內。

　　一時，這成了一椿京城笑談。無奈，溥儀白跑了一趟，無功而返地回到紫禁城。無聊之際，他順手抄起電話本，決定打電話給這位北大教授胡適。

　　有據可查的是，陳寶琛那次拒絕皇上前來探視，溥儀非但沒介意，反而在返回宮後，特意給他加封了一個「太傅」的頭銜。最讓人驚奇的是，溥儀居然把釣魚台內的「養源齋」賜予他。這是乾隆皇帝時建造的僅次於故宮和頤和園的一處皇家園林。

　　在此前後，溥儀把頤和園賜予英國洋師傅莊士敦居住，一度惹起了幾位帝師的不滿。這次，陳寶琛十分興奮，覺得太有面子了，他吩咐大擺宴席，連續幾天款待京城的親朋好友。

　　至於溥儀與胡適兩人談話的內容，除《我的前半生》中幾句簡單記載外，僅有《胡適日記》裡披露的秘密。

溥儀與胡適見面談了甚麼？

據記載，1922 年 5 月 30 日溥儀和胡適第一次在故宮內的養心殿見了面。溥儀尊敬地稱胡適為先生，而胡適則敬稱他為「皇上」，兩人談了不到半個小時。有意思的是，胡適後來在談到這次皇上約見時，只說當時與溥儀談的主要是文學。對於其他交談內容，則一概沒提及。

會見結束後，胡適因屢稱溥儀為「皇上」，還遭到京城輿論的非議。不少人認為胡適對溥儀的稱呼，充分暴露了他的「奴性」。與此同時，清宮的幾位帝師也對皇上召見胡適這樣的新派人物表示極為不滿，他們都擔心溥儀會被胡適「蠱惑」西化，毀掉可能夢想復辟的一代「明君」。

這可絕不是胡亂猜測。胡適在 1922 年 6 月 22 日這一天的日記裡，親筆寫了一首詩來形容他所親身接觸的溥儀：「咬不開，捶不碎的核兒，關不住核兒裡的一點生意。百尺的宮牆，千年的禮教，鎖不住一個少年的心。」

這首具體記載他見到溥儀印象的新詩，胡適始終沒對外發表，僅記載在當天的日記裡。如果仔細推敲起他這篇日記來，不難想像，倆人會面的時候，溥儀不可避免地會向胡適傾倒心中的苦水，透露了嚮往宮外乃至國外生活的渴望。

而在西方留學多年的胡適，不可能不向溥儀披露一些西方的情形。到後來，溥儀和這位胡適博士的見面，在幾位帝師之間，又引起了一場不大不小的風波。不過在這場「風波」中，也表現出兩種不同的看法和截然相悖的結論。

一種意見是對此表示不滿。理由是：「皇上怎能把這樣的

『新文學家』找到宮裡來呢？尤其是這樣和他『破格』談了話，豈不是於『體統』有礙！」

還有另一種帝師的看法，則與前者背道而馳，表現出「往自己臉上貼金」的洋洋得意，說：「看看！連胡適這樣的人，都讓咱們皇上給『化』過來了！」

而溥儀究竟是怎麼看待胡適來訪的呢？他在一份遺稿中寫道：「其實，這兩種說法都是胡說八道。不過胡適這個人，卻實實在在有愧『新文學家』四個字。在他靈魂深處，不但有一種和封建殘餘反動勢力異途同歸的共同之點，同時，還有和資本主義反動階級思想同流合污的另一面……不管他當時嘴裡怎樣說着假開明的誘人詞句，他的整個立場根本就是和廣大人民利害相反的。」

當然，溥儀寫於 1959 年的這篇遺稿，不可避免地帶有極主觀的色彩。

溥儀第二次見胡適，是 1924 年溥儀剛被逐出故宮、暫住父親載灃家中之時。胡適聞訊親自來到醇親王府拜見溥儀，也許只是為表示一下對「皇帝」的關切之意。他向溥儀寒暄了一番，便悄然辭去。但有一點可以認定，胡適對於溥儀被逐出宮是深表同情的。

溥儀第三次見胡適，即是此次溥儀從醇親王府剛剛潛往日本公使館之際。這個消息，在當時對外可稱「絕密」，連溥儀的父親載灃都被蒙在鼓裡，至今不知胡適從甚麼渠道得知溥儀的最新絕密動態。

為何第三次拒見胡適

這天溥儀從樓上看到一輛小汽車駛到日本公使館樓前戛然停住，從車中下來一個人。他一看，原來又是胡適。此時，因為溥儀對胡博士的「好奇」已經夠了，就藉口沒工夫擋了他的「大駕」。

從此之後，溥儀便再沒有看到過胡適。當時他正為自家性命擔憂，確實顧不上胡適了。溥儀在《我的前半生》未定稿中，只提及了前兩次的會面，唯獨沒記述這次，因為胡適沒見到他，而溥儀則恰恰站在日本公使館的小樓上，看到了胡適。

從內心深處而言，溥儀絕不想暴露這種明顯的降日行蹤。而從另一角度分析來看，恐怕一般人都認為，溥儀遜位之後，八旗子弟的待遇就降低了。其實按照《清室優待條件》，皇族的待遇並沒有降低，相反，像溥儀的父親攝政王載灃的年薪反而提高了，達幾萬兩白銀。而其他皇族，正如優待條件所說，概仍其舊。直到 1924 年溥儀被馮玉祥驅趕出故宮，八旗俸餉才停發。這也使溥儀陷入絕望，同時也在尋找靠山和出路。此時，溥儀再見胡適已無任何意義。況且，溥儀對胡適如此神速得知自己密藏於日本公使館，多少感到懼怕。拒絕「三」見胡適，是顯然易見的。

溥儀避居東交民巷日本公使館的日子裡，始終忐忑不安。他懷着複雜的心情度過了二十歲生日，更在惴惴不安中接受了清朝遺老的朝賀。

不久，在日本人的精心陰謀策劃以及日本駐華公使芳澤謙吉參與下，溥儀決定「寓居」天津而偷偷離開北京。1925 年 2

月 23 日，溥儀去芳澤住處與其夫婦倆小酌後，便回到臥室，之後謊稱去英國使館觀看跳舞晚會，於是在由醇親王府視為「護身符」的日本公使館參贊池部陪伴下，從日本公使館後門偷偷溜出，來到當時的北平東車站，登上了一輛運兵的三等兵車。

為防止露餡，溥儀竟摘下眼鏡，穿上一身粗布料的西裝，喬裝打扮成日本商人模樣，頭上的寬大獵帽居然遮住了半個臉。

外人哪知，對於這個日子，溥儀可謂煞費心機。一向迷信的溥儀，千挑萬選，擇中 2 月 24 日凌晨，即陰曆二月初二，京城人俗稱「龍抬頭」之日，秘密潛往天津。

溥儀在日本公使館

何去何從？究竟投靠英美還是賣身投靠日本人，溥儀始終沒下最後決心。

抵達天津，乃溥儀人生一個重要轉折點。溥儀為何暫棲張園？

即使成為遜帝，溥儀亦不信自己的墨寶會價落千丈。他佯扮成落魄文人，自稱一介窮布衣，挨戶給商鋪撰寫對聯，誰想竟招大多商家譏諷。這誘發了溥儀何等巨大心理落差？

第二十七章

溥儀為何悄隱天津

溥儀剛一踏上從北京開往天津的火車，池部便虛張聲勢，假稱溥儀這幾個人都是日本人。出乎意料的是，在車站，溥儀雖然膽怯地畏縮在座位裡，仍然受到中國警察的盤問，甚至詢問他是甚麼身份？頓時，溥儀被嚇出一身冷汗。

池部見溥儀意外受到盤查，只好出面亮明身份，告知對方這節車廂是兵車。因中國警察懼怕日本人，這才勉強遮掩過去。由於唯恐暴露真實身份，溥儀趕緊由三等車廂轉移到二等車廂，羅振玉和兒子羅福葆早已等候在此。就這樣，溥儀哆哆嗦嗦地蒙混過了這一關。

溥儀登上火車時，身邊仍然帶着三個貼身隨從，還有日本公使館警察署長和警察陪同。火車開動之前，池部下了列車，返回日本公使館復命。繼而，每到一個車站，便上來一名日本警察陪同，就這樣抵達了天津。此時，溥儀在車廂裡已經被日本警察團團圍了起來。

抵達天津，無疑是溥儀人生的一個重要轉折點。但究竟投靠英美還是賣身投靠日本人，何去何從，他始終沒下最後的決心。溥儀從 1924 年出宮之後，原本想暫居天津，哪知在這裡一待就是七年。他在這裡夢想的依然是那兩個字——復辟。

溥儀為何暫棲張園

就在溥儀離開北京赴天津第三天，日本公使館在北京的《順天時報》上，做賊心虛地發表了一個公開聲明：「本公使館滯留之前清宣統皇帝，於二十三日夜，突然向天津出發。本館即於二十四日午後，將此旨通知執政及外交總長，各作參考。原宣統皇帝懷有離京之意，早為執政之政府熟知，而無何等干涉之意，又為本館所了解……」

顯而易見，這個不明不白的聲明，無疑是在推諉責任，第一聲稱事先不知，第二推卸責任不在日本方面，而在民國執政府。實際上，這恰恰暴露了日本人「此地無銀三百兩」且醞釀

寓居天津時的溥儀

多年的幕後陰謀。

完全出乎溥儀的意料，當他走下火車時，居然受到日本駐天津總領事吉田茂和副領事以及日本駐屯軍將領、數十名警察夾道歡迎。如驚弓之鳥的溥儀，又被這種陣勢嚇了一跳。由此抵津後的溥儀，開始向充當日本傀儡邁出了一大步。

事實上，並非像《我的前半生》中敘述的，溥儀一到天津就住進了張園，這中間還有一些細節。雖然此前溥儀便先讓心腹朱汝珍在天津物色好了張園，而當溥儀剛下火車來到張園，沒想到竟然園門緊閉，溥儀只好暫時居住在日本租界的「大和旅館」，幾天之後，才遷進張園。之後，皇后婉容和淑妃文繡才匆匆趕到。張園，原名露香園，是一幢位於天津市日本租界內的七樓七底的小洋樓，是清末第八鎮統制張彪裝修好的一處對外遊戲場所。

溥儀到了天津，為甚麼選來選去，選中了張彪家居住？其實，溥儀只知道張彪是一個忠心耿耿的保皇黨，但對此人並不深知。那麼張彪是一個甚麼樣的人物，歷史上記載不太一致。相對來說，他的嫡孫張約的記述相對比較真實。

事實是，張彪在清咸豐十一年（1861 年），出生於山西榆次縣一個農村裡，世代都是大字不識的農民。那裡離太原不遠，只有六十多里地，張彪的父母去世早，由叔叔撫養成人，家庭貧苦，沒錢讀書。但由於他身材魁梧，能舉幾百斤，叔叔就讓他跟一位拳師習武，想考取武舉人。

機遇來了。有一天，張彪借了一匹馬到太原辦事。剛一進城，就遇到了一個突發事件。當時晚清重臣張之洞由京城內閣學士上任太原巡撫，坐着八抬大轎途經鬧市，忽然遇到一個彪

張彪
（1860 年—1927 年），字虎臣，榆次西左付村人。經歷光緒、宣統、辛亥革命階段，曾任過張之洞隨身侍衛、湖北提督、民國政府高等顧問等職務。1927 年病故於天津。

形大漢攔轎喊冤，萬萬沒料到，八個轎夫居然攔不住大漢，張之洞險些被揪出轎外，危險之際，張彪跳下馬，一揪脖領子，就把這八個人也攔不住的大漢，扔到了一邊。

張之洞落荒而逃，可沒忘了救他的張彪，掀開轎簾，從轎內大喊一聲：你是何人？張彪回答，我叫張彪！張之洞慌亂中仍記住了張彪這個名字，回到衙門詢問，竟無一人認識。於是，張之洞張榜懸賞張彪。整個太原城都轟動了。

可是，張彪卻一點兒不知，因為他連夜返回了村裡。有的同鄉在城裡見到了懸賞的佈告，便告訴張彪，快去太原城領賞。張之洞見到張彪之後，仔細上下一打量，確是相貌堂堂，很是喜歡，就問起他打算以後幹甚麼。張彪如實相告，打算今後投考武舉。張之洞一聽這話，問他願不願意跟隨他。張彪當然求之不得，就這樣他當上了張之洞的貼身侍從。

此後張之洞調任湖廣總督，帶上了張彪，一路提升，直到被選派到日本學習軍事，由於他成績優異，曾被日本天皇授予旭日勳章。張彪歸國受到重用，被任命為第八鎮統制，駐防武昌。哪知，武昌成了辛亥革命首開第一槍之地，於是張彪隨之成了眾矢之的，武昌起義爆發之後，只好攜家人乘日本兵艦到日本躲避了一年多。

溥儀遜位後，張彪從日本回國居住在天津日本租界壽街。老朋友為其湊了上萬大洋，入股一家紗廠，分到不少紅利，張彪便拿這筆錢買了一塊地皮，建了一座園林。張彪在園子後邊為八個子女各蓋了一所宅子，起名「宏濟里」，這個地名至今未改。

溥儀入住張園之後

溥儀入住張園後的第一天早晨，剛一起床就聽見外邊一片「嘩嘩嘩」的聲響，他推窗一看，發現張彪正在院中手揮掃帚，為他打掃屋外環境。這完全出乎溥儀意料，使他萬分感動。

不僅如此，溥儀來到天津張園之後，張彪對其精心伺候，而且佈置了警衛，還截長補短給溥儀提供零用花銷。這是溥儀出宮後，第一個接待「遜帝」的清朝舊部下。這樣溥儀便以月租金二百塊錢的價格，租下了這幢別墅。

就在溥儀居住張園時，京城方面像大總統黎元洪也不時來找張彪，請他出山，還授予他「建威將軍」稱號，每月送他四百大洋車馬費，這是當時非常高的禮遇。張彪為人不錯，辛亥革命之後，他曾帶全家人返回山西榆次縣的村裡，正趕上全

縣災荒，農民紛紛變賣田地，於是，張彪掏出銀子全部購買了過來。可農民沒想到的是，他買後又把農田交還農民，不收任何地租，這被當地人傳為佳話。張彪如此大的軍閥，在新中國成立後土改時，當地人感激他的救命之恩，對張彪一家人始終沒按地主鬥爭清算。

溥儀自然知道投桃報李，1932 年，他把張彪的兒子張學毅，親自改名為張挺，並帶到偽滿長春，作為貼身侍從，還送他到日本留學。歸國之後，張挺在偽滿洲國當上了一名軍官。東北解放後，張挺成為解放軍軍官教導團研究室副主任、高級戰俘管教隊隊長，後來調到中國京劇院，從事他喜愛的京劇工作，於 1983 年按離休待遇，在北京頤養天年。晚年，張挺居住在東四七條小學斜對面一座四合院裡。此時，筆者正在七條小學上小學，時常看到一位老人進進出出，可從來沒跟他說過話。

溥儀奔走「復辟」

在天津，溥儀為復辟大清，活像沒頭的蒼蠅般亂撞，終致被騙走大量財物。他忽而約見白俄軍官，忽而會見奉系頭頭李景林，又忽而接見直魯聯軍首領畢庶澄等人。誰給溥儀幾句好話，他就感激不盡。

狗肉將軍張宗昌曾從溥儀之處獲取不少「賞賜」，當兵敗之際，還託部下金卓帶來一封密信，放進用油紙裹的醬鹹菜簍內呈交溥儀表示忠心。無奈之際，溥儀只得口授一封「敕詔」，由胡嗣瑗筆錄，交給來人金卓以示撫慰。

其實，為溥儀復辟活動的人，大多數都是騙子。譬如，有

一個安福系小政客叫費玉楷，經常來找溥傑下飯館喝酒，想盡辦法接近溥儀。一次費玉楷居然請來已下台的民國執政段祺瑞，在英租界裡，溥儀以及載灃、溥傑三人與他見了面。趁此，費玉楷以復辟為題，使溥儀如墜雲裡霧中。臨到最後，段祺瑞只說了兩句沒頭沒腦的話：「收拾殘局，捨我其誰？……」

整整神侃了一晚上，溥儀根本沒弄明白是怎麼回事。過了幾天，費玉楷又來找溥儀，稱已與炸死張作霖的日本軍官河田大佐聯繫好，策動奉系軍閥首領張作霖之子張學良的部隊兵變，進一步發動「復辟政變」。

這次，溥儀又聽得瞠目結舌，因為實在太離譜了。陳寶琛、鄭孝胥聽後，也都認為純屬胡說，勸溥儀不要和他交往。溥儀再一細想，也覺得太不靠譜，於是與之一刀兩斷。

不料，費玉楷大怒，找到張園進而威脅溥儀的岳父榮源：「我如此賣力氣，你們竟然不再理睬我，我可要到民國政府告你們顛覆中華民國的罪行！」

豈料，榮源見多識廣，立即反唇相譏：「我們可不怕，你寫給皇上鼓動復辟的親筆信，現在就在皇上手上，你控告豈不是白費勁嗎？」

以毒攻毒見效。費胖子從此不敢再來糾纏。溥儀這才鬆了一口氣。

溥儀為謀「復辟」之事曾送給軍閥畢庶澄幾方久藏的古漢玉。因為早就聽說，如果身上佩有漢玉，跌倒或遇險時，漢玉就會出現一道細紋，而佩戴的人則不會受傷。他本是為了復辟大清，才贈玉畢庶澄的，誰知此人索玉沒完，結果鬧了一個不歡而散。

榮源

郭布羅‧榮源（1884—1951），達斡爾族，滿洲正白旗人。清末宣統皇后婉容之父。在宣統年間任蒙古副都統、宮廷內務大臣的要職。清朝滅亡後，隨溥儀到東北，在滿洲國宮內供職，封承恩公。

　　不久，溥儀聽到一個説法。後來畢庶澄在軍閥混戰中被逮捕槍斃時，中彈倒地之後多時尚未斷氣，有人發現了他身上的漢玉，遂悟到他所以沒立即斷氣的原因。據説，取下漢玉之後，他這才閉目身亡。來人對溥儀講起這件事時，居然牽強附會地説：「那是因為有皇上所贈的漢玉嘛。」

　　溥儀聽了，當然十分高興，過後才知此人也是來向他討要漢玉的。其實，溥儀對古玩極為在行。自幼長於深宮，接觸的都是國寶級文物，所以見了假貨，一眼便知。

　　溥儀坦承，雖然沒有學過考證古玉的專業知識，可是從小就在宮內見識過許多古玉，時常拿在手裡把玩。所以凡見古玉，他一眼便知真假，行家管這叫「一眼活」。

溥儀所受的巨大刺激

據說，有一天溥儀心血來潮，想知道自己書法作品的社會認知度。過去在宮內，溥儀有時將自己的書法賜賞大臣，往往被大臣視為一種「恩典」。即使成為遜帝，他亦不相信自己的墨寶會價落千丈。一次，溥儀故意裝扮成落魄文人，還對隨從囑咐說：「你們給我遠遠地跟着，誰也不許靠近。」

於是，溥儀邁着忐忑的步子，衣著樸素地信步來到一個商鋪雲集之地。令人萬萬想不到，他自稱是一介窮布衣，自備筆墨紙硯，挨戶給商鋪撰寫對聯，還聲稱向老闆討要賞錢，說：「您看着給。值多少給多少。」

誰想，竟然屢屢遭遇尷尬，商鋪的老闆大多對他說：「你這字白給都不要。」也有的說，「你這字還有點功力，可惜我們沒地方掛呵。」最好的待遇是，溥儀往往在店主鄙視的目光下，被扔給幾個銅子打發了事：「得得得，趕緊扔他幾個銅子讓他走人，讓他別堵着門，礙着咱的生意……」

那天溥儀喬裝之後，先後為天津各家商鋪親筆書寫了幾十幅書法，卻所獲無幾。皆因正值天寒地凍的冬天，溥儀不習慣運筆，他瞧着自己寫出的書法都不滿意。

此前，溥儀為商鋪所書寫的那些落款為「青巾」的對聯，大多都被撕碎扔入紙簍。第二天，溥儀來了氣，派人以每幅一百大洋的高價去店鋪挨家回購，哪知，僅僅才收到幾幅完整的墨跡。他內心更氣大了，而且氣不打一處來。

溥儀為甚麼起了一個「青巾」的名號呢？原來這是溥儀煞費心機想出來的筆名，若仔細琢磨一下，不難發現，「青」字，

是日也天朗氣清惠
風和暢仰觀宇宙
之大
一九六四年
愛蘭妹倩鑒之 溥儀

溥儀書法

清末時，有許多宮外的人感到好奇，為甚麼皇上的書法既發亮光又漂亮。其實除墨好筆好以外，還有一個宮內秘不示人的書法訣竅——白酒調墨汁。尤其在冬天書寫，既要字亮，又要運筆順暢，就要採用上好的白酒研墨。據說這是宮廷書院如意館的一個絕招。

是大清的「清」字去掉了左邊的三點水。「巾」字，乃是皇帝的帝，去掉了上邊的立字和寶蓋，只剩下了一個「巾」字。

此處書法落款，實際是「清帝」二字。可惜當時沒人看出內中的奧秘來。後來，當那些店主詢知「青巾」就是溥儀時，都萬分後悔。

不難想像，這次沿街「乞討」式的賣字，果真讓溥儀深深意外感到了皇帝與平民的巨大落差，也使溥儀受到了極為強烈的刺激。

打這兒之後，他的全部心思更是用在這倆字上——「復辟」。

夏蟲豈可語冰？或許在溥儀眼裡，自認為乃天子貴冑。誰知時代驟變，「皇上」這個名詞成了古語詞典中的字眼，身價豈止一落千丈？強烈反差帶來前所未有的刺激，使他一個跟頭跌入「復辟」的南柯一夢，始終未醒。

天津成了溥儀人生的一個三岔路口及抉擇之地。何去何從，道路迷茫。在這次賣字過程中，他由此感觸頗深。然而，他選錯了道路。一失足成千古恨，也給民族帶來了重大創傷。

人所鮮知，抵津之後，溥儀先後面臨兩場重大官司。溥儀的官司勝敗究竟如何？

溥儀猖狂反撲，竟以清室內務府名義上書國務院及直系軍閥吳佩孚，要求返歸故宮並恢復《清室優待條件》。此事轟動一時，還驚動了民國政府。

注：本章部分內容，採訪溥儀的二妹韞龢、國舅潤麒；參閱吳瀛《故宮塵夢錄》《故宮博物院五年經過紀》；參閱民國期間史料及媒體報道。

第二十八章

溥儀復辟未遂

連續多日，溥儀夜不能寐。因為他猛想起一件事，那就是養心殿裡遺下幾封二次復辟的絕密往來信件。

溥儀被提起訴訟

溥儀抵達天津之後，不料，傳來一個消息，嚇得他目瞪口呆。

自從溥儀被逐出故宮，清室善後委員會在溥儀所居住的養心殿內發現，其秘藏着密謀二次復辟帝制的一批信件。其中包括康有為等人寫給莊士敦的兩封信，以及舊臣金梁等人與復辟有關的奏摺等。這些顯然是無法抹掉的證據。

溥儀聽說後，一時不知所措。他之所以消息如此靈通，是因清室善後委員會原有兩名他指定的內務府官員。不久，清室善後委員會以多數票通過，向民國政府的司法機關正式向溥儀提起訴訟。

然而，一場醞釀中的未遂復辟，能否立案，引發爭議。最後經幾位帝師向民國政府疏通，並在前清遺老擁護下，溥儀「復辟案」只成了一場虛驚。因 1924 年正值甲子年，故宮遂以溥儀遺下的復辟往來書信為基礎，編撰了一部《甲子清室密謀

《甲子清室密謀復辟文證》

復辟文證》，立此為證並作為對溥儀的嚴正警告。

　　可溥儀並不甘心，又在 1926 年夏發動了一場復辟攻勢，這在《我的前半生》中隻字未提。溥儀見這年 6 月以直系軍閥吳佩孚為後台成立一個新內閣，為首的叫杜錫珪，認為有機可乘。因馮玉祥是吳佩孚叛將，而吳佩孚是清朝科舉秀才，杜錫珪乃清朝赫赫有名的海軍將領，溥儀先是策動一位晚清遺老上書民國政府，要求恢復溥儀帝號和優待條件，以此試探各界反應。對此，各界炒得人聲鼎沸。

　　緊接着，溥儀又以清室內務府名義上書國務院及軍閥吳佩孚，要求返歸故宮並恢復《清室優待條件》。據故宮博物院創辦人之一吳瀛回憶，報紙披露消息後，社會輿論大嘩。同情溥儀者不少，但遺老遺少沒一個在朝掌權，僅有幾個清朝遺老身份的議員在毫無意義地搖旗吶喊。

　　實際，溥儀錯誤判斷了形勢。首先全國商聯會提出議案堅

吳佩孚

（1874年—1939年），字子玉，山東蓬萊人，民國時期著名的軍事家、愛國者。秀才出身，後投效北洋，並成為直系軍閥首領曹錕的第一戰將和智囊，有「常勝將軍」之名。華北淪陷於日偽之後，晚節彌堅。1939年病逝。

決反對，之後居住上海的著名文人章太炎也公開發出電報譴責。一見勢頭不對，吳佩孚立即公開復電否認此事。最賣力氣的是康有為，公然發出電報給吳佩孚：「君在清時，亦受有中級軍官之職，宣統亦屬故主……應請恢復優待條件，並迎遜帝回宮。與民國制度並不抵觸，此事實上之可能。」

吳佩孚面臨左右夾擊，開始耍了一個滑頭，立即公開復電說：將溥氏迎回，與交還故宮，並恢復優待條件，則余將受復辟嫌疑。總之優待條件既破壞，如再恢復，則物議必多，只好聽其自然而已。

哪知，章太炎公開在媒體發表電文，明確抨擊溥儀的復辟夢想：「報載溥儀要求還故宮，恢復優待條件，按溥儀於民國六年違憲復辟，罪在當誅，悉宜駢戮……應請通行在京將吏，嚴示拒絕。如再干涉，則大刑隨之……」

來往電報許多封，多數被公之於眾。吳佩孚最後發出一

封公開電報，言之鑿鑿，明確表態：「拒絕還宮，以永絕復辟之禍……」

「未遂復辟」之由來

自從張勳復辟失敗之後，溥儀始終覺得惡氣不出。

雖則發生在 1917 年的張勳復辟，京城人歷歷在目。但對其間發生的詳細實質內幕，外人不知，也往往眾說不一。溥儀自認為那是適應歷史潮流，仿照英國和日本等西方國家實施「君主立憲制」，作為解救中國的一劑濟世良方。哪知，世人只知他是一個夢想穿龍袍、坐龍椅的糊塗蟲。

溥儀曾對家人說，他只有復辟成功，實施一系列莊士敦以及康有為等人為其提出的政治獻策之後，世人才會明白他的政治主張，建構一個大同世界。他之所以定滿洲國執政年號為「大同」，其意亦在於此（而按照《我的前半生》的執筆人李文達理解，溥儀起「大同」的執政年號，真實之意在於，是為了取悅日本人，是鼓吹日滿親善、日滿大同的漢奸口號）。

人們普遍認為，溥儀在遜位之後，夢想重登龍椅根本無望。殊不知，他大多生活在夢幻之中，總是產生錯覺。1913年元旦，袁世凱派來溥儀的舊部、原陸軍大臣蔭昌前來給溥儀拜年，隆重的賀禮以及宮禮三跪九叩，又使溥儀昏了頭，誤以為袁世凱是在表示效忠遜清朝廷，一連興奮了多日。

因為，此時溥儀在宮中一直採用宣統紀年，仍在宮內設置內務府、宗人府、慎刑司等一整套司法機構。在外人看來，宮內儼然是一個獨立王國。即使宮內偶然出現犯法者，也由溥儀

所轄的慎刑司全權處置，民國政府根本管不着。

這些顯然助燃了溥儀的復辟之夢。袁世凱死後，溥儀自認為天下「捨我其誰」，遂採取了一系列有步驟的暗中復辟活動。

誰知，溥儀的暗中復辟活動早已被各方察覺。鑒此，1914年（民國三年）11月初，參政院提出一項決議，務必對溥儀的遜清小朝廷實行「管制」。袁世凱派員當面向溥儀提出七條「善後辦法」，其要點是：採用民國紀年；皇室不能擅自對外發佈公告；宮內人員犯法須交由民國政府依法處置，並要求溥儀下令裁撤內務府、慎刑司等。

對此，溥儀極度不滿，竭力拖延不辦，雙方形成僵局，遂成為張勳復辟的導火索之一。

在此期間，兩方開始了暗中角力。溥儀花費大量金銀珠寶，甚至不惜私下變賣乾隆皇帝所積攢而遺留的國寶級文物，為其復辟籌集資金。為此，民國政府又屢次發出政府公文，限制溥儀變相暗中售賣國寶，而且明確這些並不屬於溥儀的私人財產，而是國家所有。

豈料，這些反而刺激了溥儀的復辟野心。他與各方聯繫復辟的不少信件，在他出宮後於養心殿內被查獲，遂成眾所周知的復辟證據。這引起全國各界矚目。有人議論說，若不是1924年溥儀被趕出故宮，弄不好又會出現一場「二次復辟」的鬧劇。

再說，當吳佩孚將最後一封電報公之於眾之後，又把溥儀復辟的議案提交內務部，最後又提呈到了國務內閣。在國務會議上，這一復辟議案被秘密地徹底否定。消息傳來，溥儀心存的最後一線希望徹底破滅了。

　　溥儀難以忍受這種打擊，一直在尋找復辟鬧事的藉口。緊接着，溥儀又公然挑起了一場官司，向出示他復辟往來信件的故宮開始發難。

　　皇族歷代列祖列宗神像或稱聖像，始終陳列在景山內的壽皇殿。1900 年，八國聯軍佔領京城後，法國軍隊的弗雷司令駐紮在景山內。他深諳東方文化，當他歸國時，將壽皇殿的清朝歷代帝後神像作為戰利品全部運回法國。顯然壽皇殿後來擺放的神像，是新製作的而並非文物。儘管如此，溥儀仍僱用律師，公然發起了一場法律訴訟。

溥儀打起壽皇殿神像案官司

　　1927 年 1 月，溥儀以壽皇殿神像被人移走為藉口，操控京城的皇族藉機打起所謂「歸還神像」的官司。此事在皇城內外轟動一時，還驚動了民國政府。

　　為此，故宮正式召開專門議題的常務會議。出人意料的是，京師警察總監陳興亞出席，強調這個案子必須妥善處置，不然會引發溥儀為首的眾多皇族聚眾鬧事。

　　對於此事，故宮負責人出面解釋說，壽皇殿一角淋雨倒塌，雖然位於景山內，但按常規仍歸故宮管轄範圍。只因為大殿漏雨，這些神像才被迫搬進神武門，實屬無奈。而溥儀的代表，則出庭向法庭提出：「壽皇殿內擺放的神像是清朝列祖列宗，乃是溥儀的祖宗。從法律角度來講，這應當歸為私有，歸還清室。」

　　此話既出，大家更無語了，因其背景更顯得異常複雜了。

在法庭上，故宮則以政府代表身份，公開駁斥溥儀的私有論點，繼而向法庭提出：歷代帝王乃至明代神像為甚麼沒發還他們子孫，而至今仍然保存在故宮？

這場官司打到最後，大家終於明白了，溥儀提出所謂「歸還」，並非要求把神像歸還溥儀本人手裡，而是歸還壽皇殿。

而按照故宮的理解，壽皇殿既然屬於故宮行政管轄權內，就等於由左手交到右手裡，只要不把神像安置在漏雨的房屋裡就行了。這樣一解釋，故宮常務會議馬上通過，同意神像搬回壽皇殿。清室聽說判決結果後也挺滿意，認為這些神像只要歸還壽皇殿，至於淋濕與否，倒並不完全在乎。故宮代表聽到這兒，大笑不止。原來溥儀顯然是在藉故發難。

這樣經過法院判決，壽皇殿那些神像被判歸溥儀為首的清室所有，神像回歸壽皇殿。一些民國報紙，紛紛報道了這個轟動一時的皇家神像事件。這場引發社會各界關注的官司，終於落下帷幕。從這件事倒也反映出民國政府還是依法辦事的，對於溥儀並無歧視。

而在溥儀看來，打贏了出宮後的第一場官司，總算出了一口惡氣。

「這個事件引起我的震動，竟超過了我自己被驅逐出宮。」「東陵盜墓案」使溥儀頓足捶胸。這是他的真心話嗎？其實是半真半假、借題發揮。為甚麼如此說呢？

溥儀令京城的載濤趕赴東陵，處理善後事宜。溥儀又一次打卦出現「得天『大同』人變離」，遂成溥儀在偽滿洲國最初年號「大同」的依據。

當溥儀看到蔣介石不處理東陵事件，遂徹底和國民政府決裂。這成了他投靠日本人的一個重要藉口。

第二十九章

溥儀借題發揮的「東陵盜墓案」

惡氣出完，卻仍惡事不斷。

對於溥儀來說，在 1928 年這一年中，又面臨兩件大事：一件是東北奉軍首領張作霖被日本人炸死，使溥儀深感震驚，想藉助於奉軍的力量已無指望。第二件事是，突然發生了軍閥孫殿英帶領士兵強行盜竊乾隆皇帝和慈禧太后陵墓的事件。

溥儀聽到後一消息之後，非常震怒，認為如果棄之不管，他這位遜清皇帝可就太沒面子了。於是，他在眾多帝師的策劃下，開始了隆重的祭奠活動。

半真半假的發泄

溥儀得知張作霖被炸死，只得退而求其次，抱着一線希望而拉攏其子張學良，誰知，也希望渺茫。在此情形之下，又發生了孫殿英「東陵盜墓案」事件。孫殿英，原是一個雜牌軍的師長，後被改編為國民黨軍隊，便搖身一變成了軍長。

這一年仲夏，軍閥孫殿英以軍事演習為名，封鎖了東陵附近的道路和交通，在河北馬蘭峪掘開乾隆皇帝和慈禧太后的陵墓。「東陵盜墓案」發生之後，溥儀頓足捶胸，在天津親率清

清東陵遠景

朝遺老設壇祭奠，同時對國民黨政府提出強烈抗議。一時，舉世震驚，社會輿論大嘩。

溥儀追憶此事時，令人吃驚地感歎說：我聽到東陵守護大臣報告了孫殿英盜東陵的消息，「驚動我的倒不是甚麼珠寶的損失，而是對我的宗族感情的傷害。因此，這個事件引起我的震動，竟超過了我自己被驅逐出宮」。

盡人皆知，溥儀被逐出宮，不僅是溥儀人生最大轉折，也是中國歷史上一件大事。溥儀對外聲稱，「東陵盜墓案」對其震動竟然超過他被趕出故宮，這是他的真心話嗎？

溥儀被趕出宮已成歷史，但如果他在天津對「東陵盜墓案」一事沒任何反應，就會被所有皇族乃至滿族人看不起，他也就失去了社會價值。他要藉此發泄內心的所有不滿，這倒確乎是真的。

在溥儀的眼裡，此事的發生等於激活了那些晚清遺老遺少們，包括陳寶琛、朱益藩、鄭孝胥、羅振玉等人。這些人群情

激奮，紛紛找到溥儀要求向國民黨政府討個說法，不少舊日的晚清權貴還寄來重修祖陵的大把銀子。

一時，似乎多年被冷落的溥儀，也極度興奮起來。他在張園煞有介事地擺上乾隆皇帝和慈禧太后的靈位和供桌，每天三次祭拜，禮儀就像宮中辦喪事一模一樣。以溥儀為首的清室以及那些遺老遺少幾乎全部露面，而將此視作皇族存在的象徵，他們還給蔣介石、平津司令閻錫山，以及各種報紙發出通電，要求懲辦孫殿英，甚至提出，要求政府當局加倍賠償，重修陵墓。

溥儀的內心很明白，這主要是藉此觀察國民政府的態度。蔣介石公開聲稱已責成閻錫山查處這樁事件。聽說孫殿英手下的師長在北平被扣留，溥儀認為這事有戲。

可不久，這位師長被釋放了出來，溥儀大怒。再一細打聽，孫殿英私下送給蔣介石夫人宋美齡不少從陵墓挖來的珍寶，其中最有名的是慈禧鳳冠上那顆稀世大珍珠。這顆珍珠後來被綴在了第一夫人的鞋上。

聽到這個消息，溥儀派人做了核實，確實如此。這時，燃起了溥儀無比的仇恨之火。溥儀臉色陰沉，朝着面前站着的那群流着眼淚鼻涕的清末遺老遺少，望着空中發起了毒誓：「我若今生不報此仇，就不是愛新覺羅子孫！」這是溥儀寫在手稿中的原話。

溥儀的內心活動究竟怎樣？這無疑可以從他的行動中看到。此時他或許憶起當年跟他爭奪皇位的小恭王溥偉，來到天津第一次見到他時拍着胸脯說的話：有我溥偉在，大清就不會亡！想到此，溥儀也當眾發起了誓言：「有我在，大清就不會亡！」（引自溥儀《我的前半生》）

在外人看來，溥儀那復辟加復仇的情緒，達到了頂峰。聰明的溥儀顯然是在借題發揮，聲稱與國民政府決裂，以為自己找到一個合理的藉口，似乎可以更名正言順地赴東北當偽滿洲國的日本傀儡。

發自張園的誓言

之後，溥儀又下令親派遠在京城的載濤立即趕赴東陵探視。於是，載濤急不可待馳往東陵處理善後事宜。

不出所料，載濤到達之後，孫殿英的部隊早已撤離。其實那支「土匪部隊」不走，載濤也不敢貿然前去。此時，慈禧陵寢的明樓前已被挖出一個長達深數米的巨坑。被稱為「金剛牆」的護牆，也被炸開了一個很大缺口。甬道內石門不僅被全部撞開，迎面擺置的慈禧棺材外槨也被劈開。內棺早已空無一物，就連慈禧太后的屍首也被扣在了棺材蓋下，慘景實在令人不忍卒睹。

來不及悲歡，載濤忙命手下掀開棺蓋，但見慈禧的屍體上身裸露，被反趴着扔棄在地上。翻過來放平後，只見屍身早已發霉，入葬前口含的那顆珍貴的寶珠亦不知被何人盜走。很顯然，由於盜墓者執意搜取那顆國寶珍珠，竟野蠻地將慈禧太后的嘴唇摳破⋯⋯

悲歡和憤恨一時難以言表，載濤只得下令先將屍體重新包裹入棺，同時將墓室清掃整理一番之後，關閉了墓門。經過世人百般渲染，載濤此舉竟然帶上了傳奇色彩。原本並不十分敢作敢為的性格，在公眾認知中多少有了一些改變。

溥儀在窮極無奈的情況下，依據那本收藏多年的《諸葛亮馬前課》，親手打起了卦。他不知打了多少遍，不滿意就重新來，這在溥儀的人生當中多次出現過。他把所有的卦全部留存下來了。

1929 年 1 月，他先後占卜了幾卦。第一卦是，1932 年或 1933 年，可以「光復」，第二卦是，國民政府將在申年「化沖而散」；第三卦是，斷言其復辟大業將在申年或酉年「大顯」。其實，據溥儀的侄子毓嵒先生回憶，溥儀在前半生的所謂打卦，純屬自欺欺人。凡是對他不利的統統扔掉，貼點兒譜的「上卦」才記在本子上。

此時，溥儀正在跟日本人私下密談，自然撿利好的記下來。充其量這只是他的一種自我安慰。

值得提出的倒是，溥儀屢次讓岳父榮源扶乩，有一次竟然得出了這樣一個乩文：「將來再興，務必改元，宣統二字，乃寧日一亂絲充滿天下盡，賊犯紫微，務用隆武，隆若不用，可改興武，此天機也，國事且不泄。」

而後來，溥儀又一次打卦出現了——「得天『大同』人變離。」（《我的前半生》第 231 頁中，將此引為：得「天大同人變離」。經比對，筆者認為「未定稿」本所引較確切）這也成了溥儀在偽滿洲國最初的年號——「大同」的依據。

當溥儀看到蔣介石不再實質處理東陵事件後，便徹底和國民政府決裂。這是他投靠日本的一個重要原因。在此前後，他的父親載灃和一家人從北京來到了天津。溥儀在《我的前半生》中說得比較含糊，據溥儀的二妹韞龢回憶說，實際這是溥儀的最終決定，為他潛往東北解除後顧之憂，畢竟天津離政權中心

稍遠一些，但沒想到，溥儀在天津一待就是七年。

此後，出乎意料，溥儀又做出一項重大決策。

溥儀放棄留洋的夢想

直到幾十年後，溥儀才說出了真心話。他從仇視孫殿英發展到仇恨蔣介石包庇盜墓者，又進而反思了蔣介石的發家史，得出結論：沒有兵權一切都無從談起。

由此，溥儀徹底放棄了留洋的夢想。他決定，讓弟弟溥傑和國舅潤麒以及一些嫡系全都赴日本留學去學習軍事，以便回國後執掌兵權。這時，溥儀已打算好投靠日本人，只是對外沒有明說而已。

事出意外。在這裡，溥儀也揭開了二弟溥傑投筆從戎的內幕。

溥儀曾回憶說，與其說溥傑受母親遺囑的影響，倒不如說是受到了妻子的強烈刺激。他的妻子唐怡瑩是端康太妃的侄女，心高氣傲，根本看不起溥傑，只看得上像張學良這樣執掌兵權的少帥。溥儀卻始終不知，唐怡瑩早就和張學良私下好了起來。

據說，有一次，溥傑到順承郡王府去看望鐵哥們張學良，卻被擋了駕，原因是唐怡瑩正在裡面。晚年的張學良倒坦白地承認了此事。溥傑把妻子送到天津張學良姨太太的公館，自己背着家人乘船離開了天津，奔赴張學良推薦的「講武堂」。當載灃看到溥傑留下的信時，溥傑所乘坐的船已到達海上。載灃急了，找到溥儀讓他把溥傑弄回天津。

溥儀軍裝照片

於是，溥儀趕緊發了一封電報給大連日本警察局，結果溥傑剛下船就被溥儀派去的人，接回了天津。

經深思熟慮之後，溥儀找溥傑鄭重談了一次話，答應讓他到日本軍官學校去學軍事。溥傑喜出望外。通盤考慮過後，溥儀讓國舅潤麒和他一起赴日本留學，事先還由日本總領事推薦了一位日本教師遠山猛雄教授他倆日文。從這件小事來看，溥儀已經和日本方面關係非同一般。實際這也是溥儀投靠日本人預先策劃好的一個重要步驟。

據潤麒回憶，溥儀居住在張園時，潤麒經常去他的屋裡玩耍。溥儀有一個怪習慣，即使白天屋內也總掛着厚厚的窗簾，平時絕不讓拉開。吃飯時，他往往在臥室的外屋擺上飯桌，從門外端上飯菜來，屋裡顯得異常憋悶。

最顯眼的是，樓下大廳裡有一副清朝遺臣袁大化書寫的楷書對聯，懸掛在迎門的牆壁上。最初溥儀每逢路過，總是搖頭晃腦欣賞一番：「靜坐觀眾妙，端居味天河。」

若按照溥儀的解釋，那副對聯的意思則是：靜居而坐，觀看眾人爭鬥之「妙」，端居品味雙河之「味」——意寓張園的主人腳踩兩隻船，靜觀時局變化。

凡有人問起來，溥儀總不多解釋，喜歡讓人們去猜想。其實這副對聯只是溥儀密不示人的一個障眼法，讓外人從表面看不出他的真正態度來，而他往往自鳴得意。看過這幅妙對，潤麒頗覺意味深長。

實際上，溥儀根本無法「靜坐」，也無法「端居」，他正在逐漸投入日本關東軍的懷抱。

歷史評判一位人物，應當主要看他在大是大非面前的態

度，不僅要觀其言，最重要的是觀其行。「靜坐觀眾妙」，不過是溥儀低劣的障眼法。溥儀在民族問題上的基本立場和態度，早已把自己釘在了歷史的恥辱柱上。

溥儀一舉一動，都不是率性而為。他從張園遷至乾園，又親自將其改名「靜園」，寓含甚麼含義？

他赴曹家花園秘見張作霖，誰料，張大帥忽然跪倒在地，連續向他磕頭，竟嚇了溥儀一跳。面對張作霖拍胸脯的話，溥儀為何面露尷尬而不敢吭一聲。事後溥儀害怕至極，卻向日本人道歉？

張學良當面奉勸溥儀，溥儀卻為何沒翻臉。

溥儀身邊究竟誰是時常出入「三野」特務機關的常客？

注：本章部分內容，參考溥傑、潤麒、李文達、溥任採訪錄：康豔華《張學良勸溥儀「到國外讀書」》。

誰是「三野」特務機關的常客

實質上，靜園成了溥儀降日的跳板。

1929年7月，溥儀從日本租界的張園，遷居到了靜園。最初這裡叫乾園，是曾任中國駐日公使陸宗輿的私宅。溥儀將此地親自改名「靜園」，寓含着他夢想復辟的新含義。溥儀將此園改名的真正含義，告訴了二妹韞龢。那就是：「靜養其心，徐圖復辟。」

確切地説，溥儀在這裡走上了一條賣國求榮的不歸之路。其實，靜園並不靜。此時的溥儀正處於各種勢力的包圍與爭奪之中。

秘見張作霖

若談起溥儀在天津期間的活動，不免要提及兩件事：

一是溥儀的父親載灃和六叔載洵、七叔載濤全家人，在兵荒馬亂當中，是由七叔載濤讓醇親王府管家張文治出面求助於張學良，才得以用兵車運到天津的。

二是溥儀到天津之後，一直在尋找「靠山」。一天夜裡，他在岳父榮源和張作霖的親信閻澤溥的介紹下，秘密去曹家花

園面見張作霖。

當時，張作霖走出房門迎接溥儀。並出其不意，忽然跪倒在屋外地上，連續磕了幾個頭，結果嚇了溥儀一跳。

進屋之後，張作霖對溥儀談起馮玉祥部隊逼宮的往事，仍然憤憤不平，以略帶責備的口氣問起溥儀：「皇上出宮之後，我就到了京城，有足夠的兵力保護陛下的安全，為甚麼要逃到日本公使館去呢？」

溥儀聽後尷尬萬分，無言以答，只是支支吾吾地一再表示感激之情。張作霖還拍着胸脯説：「如果皇上願意到奉天去住的話，我可以負責保護，還可以讓皇上住在瀋陽故宮裡。」

在張作霖説話的整個過程中，溥儀僅不置可否地微微點頭，卻沒插一句話。臨別時，張作霖親自禮送溥儀到了大門外，又讓手下拿來幾萬大洋，以補助「皇上」日常生活費用。

溥儀自從出宮以來，從來沒受到過如此優厚的禮遇，頓時感激涕零。張作霖恭敬地送溥儀上車前，又對他拍着胸脯説：「在日本租界內，如果日本對皇上有甚麼不敬的地方，只管告訴我，我自會對付他們！」

聽到此話，溥儀面顯尷尬，始終未置一詞。如此説來，在溥儀眼中略顯神秘的張作霖，到底是甚麼性格呢？

僅舉一件小事兒。據説，有一天早晨，張作霖出外遛彎兒，剛走到一個街頭拐彎處，這時寂靜無聲。猛然傳來一聲異常洪亮的吆喝聲：「賣包子！……」這位張大帥乃是土匪出身，警惕性特高，被猛然嚇了一跳，不禁勃然大怒，大吼一聲：「把他給我抓起來，斃了！」

他身邊的保鏢一愣，他沒錯沒罪，一時就沒動手。張作霖

張作霖
（1875年—1928年），字雨亭，瀋陽海城人。人稱「張大帥」，先後擔任奉天督軍、東三省巡閱使、民國陸海軍大元帥等。1928年6月4日，被日本關東軍炸傷後逝世。

倒急了，只見這位張大帥掏出手槍，「砰」，開了一槍，可這賣包子並沒被打死。因為他是朝賣包子的腳下一寸遠的地方開的槍。小販被嚇得差點癱了，立時就倒在了地上。張作霖得意地哈哈大笑，走過去蹲在地上，又嚇得賣包子的臉都白了，以為張大帥要殺他呢。

誰知張作霖貼着他耳朵說的一句話，連躺在地上賣包子的都被逗樂了。張作霖貼近他的臉，認真地說：「嘿嘿，你嚇我一跳，我也嚇你一跳！」從這件小事兒，就可以看出來，張作霖一點兒虧都不吃，還挺幽默。

也許溥儀若聽到這個故事，便會頓然明白，張作霖對不同的人會採取不同的對付招兒。這便是土匪出身的張作霖的生存之道。

張氏父子的迥然不同

溥儀聽了張作霖的話，為甚麼始終沒敢吭聲？因為貼身跟隨在溥儀旁邊的日本便衣警察就站在汽車邊上，張作霖所說的話，一句不落，都被他聽到了。

這天夜間，張作霖派出一群衛兵，分乘幾輛汽車，一直把溥儀送到日本租界邊上。豈料，第二天，日本駐津總領事有田八郎就向溥儀鄭重表示，對於陛下去「中國地」會見張作霖極為不滿，甚至還威脅說：「如果陛下再到中國的地方，日本人無法再盡保護之責。」

溥儀害怕至極，只好向日本人道歉。據說，他一連幾天都沒睡好。

1926年陽春四月，溥儀由溥傑引見，在張園第一次見到了張學良。這一年溥儀二十一歲，張學良比他大五歲。二人初次見面只是認識一下而已，對於這位英俊的少帥，溥儀的印象出奇好。溥儀的真正想法和溥傑一樣，也想藉助奉軍的力量，實現復辟大清之夢。

張學良在晚年曾回憶說：「在天津的時候，我初次跟溥儀相識，後來交往挺熟。」張學良與溥儀不同，他受過歐式教育，在他看來，溥儀應該脫離周圍那些遺老遺少，適應世界潮流，不應再夢想復辟大清王朝了。二人在天津的一家西餐館偶然邂逅。張學良見到溥儀，跟他父親張作霖不一樣，並不以皇上相稱：「如果依我看，你如果願意當一位普通平民，就到南開大學去好好讀書，若你不願意，那我勸你到國外去讀書，無論是英國或歐洲哪個地方都可以嘛。你過去是皇帝，如果留學

溥儀在靜園

歸來，民主選舉國家大總統，備不住能選上呢。可如果一心就
想當皇帝，我看你這腦袋可有點兒懸啦……」

　　溥儀之所以沒翻臉，因為張作霖和張學良父子早年有恩於
他。大清滅亡之後，溥儀在東北一帶仍然有祖傳的皇家土地。
張氏父子親手把這些田產變賣掉，結果變賣出了上百萬現金，
由東北政權分成一半，其餘的全交給了溥儀。

　　這使前途渺茫的溥儀感恩不盡。因為他早已不是皇帝了，

一分錢不給他，他也無話可說。臨別，張學良對溥儀說：「我是真心對你好，聽人勸吃飽飯，你可要聽我勸……」

然而，溥儀雖然沒翻臉，實際卻一句也沒聽進去。

溥儀身邊出入「三野」特務機關的常客

溥儀從張園搬往靜園，其實是一個重要的信號。最初，溥儀想打這兒出國留學，哪知在天津一待就是七年，而這裡居然成了他投靠日本人的一塊跳板。

至今溥儀在天津尚有一個未解之謎。那就是靜園發生的任何事，日本人都了如指掌。

據了解，溥儀身邊的鄭孝胥、羅振玉以及榮源和潤良父子，經常瞞着溥儀頻頻出入「三野」特務機關。要知道，這幾個人物可都是溥儀的心腹之人。「三野」雖然只是隱藏在一個普通的綠色小門內，卻是一個專門針對溥儀所設的日本特務機關。

關於榮源和潤良父子經常出入「三野」特務機關之事，李文達先生曾將此記述到一本關於溥儀的畫傳中，而引起了異議。

前些年，榮源之子國舅潤麒曾當面向李文達提出過意見，認為不宜寫入此書中。李文達則認為應當尊重並承認歷史，不應迴避。潤麒和李文達在生前都曾經分別向筆者述說過此事。李文達曾明確指出：溥儀的岳父榮源，確是「三野」的常客。

以目前所掌握的歷史資料來看，毫無疑問，溥儀的一舉一動，全部都在日本人的視野之內。連溥儀的岳父和小舅子，都時常在「三野」特務機關內噴雲吐霧抽大煙，如此看來，靜園內還能有甚麼秘密能瞞得過日本人呢？在這一明爭暗鬥過程

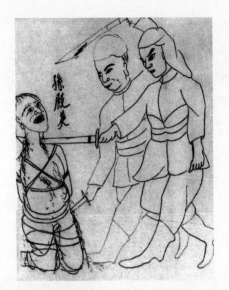

溥儀手繪殺孫殿英圖

中，有一則外人所罕知的事件正悄悄拉開帷幕。

　　一天，溥儀不露聲色地來到父親載灃的屋裡，試探着説：「我聽説，溥偉到奉天祭祖陵去了。」溥儀一邊説，一邊觀察着父親的臉色，想了解他對這件事究竟甚麼態度。結果，載灃任何實質的話也沒説，只是臉色變得非常難看，但表面仍似乎隨便地説：「好了，好了。以後再也不要提他了。」

　　隨即，溥儀一聲沒吭地立時站起身，結束了這次不愉快的簡短談話。

　　在此前後，天津發生了淑妃離婚以及軍閥孫殿英盜陵等一系列使溥儀倍感惱怒而鬧心的大事，他甚至親筆手繪製了「殺孫圖」，發泄內心的憤慨。然而，溥儀也一直在暗地裡忙碌着張羅「復辟」之事，卻對父親載灃卻一丁點兒沒透露。到後來，七叔載濤在外邊聽説不少溥儀與日本人密切勾結的傳聞，

統統告訴了載灃，而且還讓載灃轉告溥儀：「這可要慎重啊，千萬別上日本人的當。」

載灃聽後，十分害怕，當即找到溥儀，把載濤的話如實複述了一遍，卻沒敢提載濤讓自己轉告的實底。沒料到，溥儀聽後，極為不滿，直截了當地質問起父親載灃：「王爺，你這些話是從哪兒聽來的？」

載灃只好被迫露了底，說：「是你七叔說的。」

溥儀聽完，臉色陡變，惱羞成怒地說：「載濤有話可以跟我說，為甚麼讓王爺來轉告呢？」

溥儀與日本駐屯軍司令在一起

載灃顯得十分尷尬，只好說了實話：「七叔不敢來說，所以才讓我來轉達的。」

說到這兒，父親載灃感到挺傷心，既管不了溥儀，又為他的前途擔心，於是無奈地流下了眼淚。溥儀見了，也不想關係徹底弄僵，連忙哄勸父親說：「王爺，請放心。絕對沒有外邊說的那些事兒。」

隨後，溥儀又好言好語安撫了父親一番。然而，當載灃回到家中不久，即「九一八事變」發生後不到兩個月，溥儀的住地突然發生了一連串令人匪夷所思之事。載灃隱隱感覺，似有一場暴風雨即將降臨……

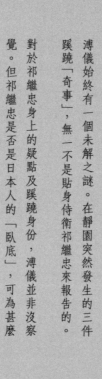

溥儀始終有一個未解之謎。在靜園突然發生的三件蹊蹺「奇事」，無一不是貼身侍衛祁繼忠來報告的。

對於祁繼忠身上的疑點及蹊蹺身份，溥儀並非沒察覺。但祁繼忠是否是日本人的「臥底」，可為甚麼在敵偽檔案中始終找不到記載？

第三十一章

溥儀身邊有日本人臥底嗎？

　　突然，溥儀所居住的靜園相繼發生了三件令父子倆都極為提心吊膽的「奇事」。溥儀感到奇怪的是，這三件事卻都是貼身侍衛祁繼忠前來報告的。

誰要暗殺溥儀？

　　1931 年，溥儀在日本人裹脅之下潛住東北前夕，發生了不少故事。

　　第一件是，侍衛祁繼忠前來報告，他親眼見到天津「中日衝突」事件發生的早晨，一個日本人打扮成中國人模樣，發給一些中國漢奸鈔票和手槍。

　　接二連三，溥儀又收到許多恐嚇信，大多也是祁繼忠傳遞。祁繼忠還報告說，門口經常有一些莫名其妙的人，很可能是來暗殺溥儀的。這可嚇壞了溥儀，時刻感到大禍臨頭。

　　第二件是，炸彈事件。那是 11 月 6 日。一個陌生人拿着東北保安總司令顧問趙欣伯的名片，給溥儀送來兩筐水果，打開一瞧，果籃裡面居然藏着兩枚炸彈。見到炸彈之後，祁繼忠馬上向溥儀稟報。然而，溥儀一見炸彈就立時慌了神。靜園駐

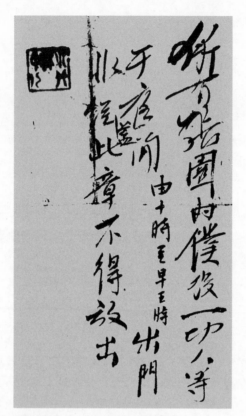

溥儀親筆手書——禁止夜間出圍

紮着專門負責警衛的日本警察，見此又立即報告警察署，隨之，來了一批日本軍官和警察，拿走炸彈進行調查。溥儀被嚇得坐立不安。第二天，檢驗結果出來了，結論使溥儀感到莫名其妙：這兩顆炸彈無一不是「東三省製造」。

慮來考慮去，溥儀認為，這必定與張學良方面或國民黨有關。這時，他反覆考慮得出了結論：沒別的路可走，只有投靠日本人才是唯一出路。

說起第三件事，也是最蹊蹺了——祁繼忠當面稟報溥儀，

在英國租界內，溥儀經常去吃西餐的維多利亞餐廳內一個服務員突然打來電話，轉告溥儀，千萬不要去吃飯。因為，服務員見到一個兇狠的陌生人拿着手槍和短刀，正四處尋找溥儀，還詢問溥儀甚麼時候來這兒吃飯。

據祁繼忠向溥儀稟報，那個服務員還讓他轉告溥儀，這個人大概是從張學良那裡來的！

溥儀雖然在張園採取一系列措施，仍無法控制局面。這是溥儀親筆書寫的一項規定：「所有張園內僕役一切人等，於夜間由十時至早五時出門，非經蓋此章，不得放出。」

溥儀通過對發生的後兩宗事件略加分析，再次認定：必是張學良要謀殺自己無疑，而且很快就要下毒手了。聯想至此，溥儀可真嚇壞了，頓時惶然無措，而且越想越怕。

溥儀貼身侍衛的可疑身份

接着，祁繼忠又連續送來恐嚇信，這些被溥儀稱作「一些嚇唬人的流氓語」，儼然讓溥儀產生了條件反射——但凡見到祁繼忠前來稟報，便知將有不妙的事件發生。

對於祁繼忠身上的疑點，溥儀並非沒有察覺。他後來曾回憶說：「我離開天津去東北，他是隨我同去的三個隨侍之一，我的舉動他無一不知。我到很晚才明白過來，日本人和鄭孝胥對我當時的動靜那麼清楚，對我的心情掌握得那麼準確及時……祁繼忠實在是個很有關係的人。」但是，溥儀至此仍沒弄清楚祁繼忠的真實底細。

就在第三件事發生的第二天，溥儀立馬給父親載灃打去電

溥儀、婉容和家人在靜園

話，讓他和弟弟、妹妹一起到靜園吃飯，並隨即派出汽車來接。

載灃和兒女們剛一走進靜園，就感到氣氛非同尋常。院牆內外都增加了警戒的崗哨，根本沒有絲毫聚餐的氣氛。剛一落座，溥儀便跟父親提起了頭一天有人送來炸彈的怪事。載灃聽完，被嚇了一跳，臉色大變，再也不敢吭聲。說完頭天的怪事，溥儀又勸父親載灃說：「近來時局不穩，為了安全起見，請王爺來靜園躲一躲吧。」

父親載灃聽後，未置可否。晚餐之後，全家人聚在客廳裡，溥儀又跟大家閒聊了一陣。雖說是閒聊，然而據二格格韞龢回想起來，溥儀所說的內容都是有隱喻的。譬如，溥儀一板一眼地聊起了「楚漢相爭」的歷史故事。載灃始終默默無言，只是一味聽着溥儀敘說，沒插半句話。

屋內瀰漫着怪異的空氣。在場之人，也許除了父親載灃，兄妹幾人誰也沒明白溥儀所講故事的真實含義。但是，全家人誰也沒料到，這天夜裡竟然是溥儀和他們在天津最後一次見面。那一天夜裡，全家人都宿在了靜園。

第二天靜園四周驟然響起了斷斷續續的槍聲。載灃感到了前所未有的恐懼，因為不知究竟發生了甚麼事，而溥儀居然一整天沒露面。

園內的僕人紛紛傳說，院外駛來了專門保衛靜園的鐵甲車。而且不斷傳來不知真假的「新聞」。載灃異常害怕，根本睡不着覺，多次跑到溥儀的臥室，想找他問個究竟。

可每一次，都讓溥儀的幾個隨侍硬擋回來，溥儀居然拒絕見面。這是從來沒發生過的怪事。載灃心裡頓時打起了鼓。

見兒子沒了影兒，當父親的連早餐都吃不下，上午再次去溥儀房裡找他，又同樣被阻擋回來。這時載灃料定，必是發生了出人意料的大事。載灃覺得再待下去沒任何意義，便帶着幾個子女茫然離開靜園，返回戈登路的住地。

一路上，載灃默然無語，老淚縱橫。在這一天的日記上，載灃心懷狐疑地提筆寫道：「此次『變亂』甚奇……」

謎底在漸漸揭開。蹊蹺的是，溥儀的貼身侍衞祁繼忠卻不露聲色，表面上只與日本駐靜園人員往來。

後來，祁繼忠公開投靠日本人，在華北搖身一變，竟然當上了偽軍上校（另一種説法是祁繼忠在華北成了偽軍少將），後被槍斃。祁繼忠是否始終就是日本人的「臥底」？這是一個待解之謎。而據李文達講，在敵偽檔案中始終沒有找到祁繼忠的任何詳細資料。

三十年後揭秘水果籃炸彈之謎

載灃始終沒有得到溥儀任何音訊，焦急萬分。臨近中午，溥儀的貼身侍衛霍建閣才匆匆前來，向載灃轉交了一封信，打開一看，是溥儀專門留給他的親筆信：「我已於昨晚乘船，從旅順轉道瀋陽，沿途有人保護。請放心。」

在這封短信中，溥儀還寫道，此次去奉天是為了復辟祖宗的事業。一切都已安排好，請父親放心。同時還交代，對於他的出走，要嚴加保密。載灃閱讀這封信時，緊張得雙手一直發抖。看完信之後，載灃隨即讓人送走了霍建閣。過了好一會兒，才一字一頓地說：「皇上考慮得太不周到了。真是荒唐，真是荒唐啊！」

過了許久，載灃忐忑不安地回到臥房，坐在太師椅上翻來覆去地考慮溥儀信中的所謂「安排」，幾乎徹夜未眠。第二天一早，載灃就按照溥儀信中的要求，對於嚴密封鎖溥儀秘密出走的消息又做了周密部署。這算是父子雙方在天津為數不多的一次默契。此後的溥儀，便音信杳無……

時光荏苒。三十年後，溥儀與溥傑先後被全國政協聘為文史專員。溥儀始終在腦海盤桓着若干歷史疑問，其中就有發生在天津的水果籃裡密藏兩顆炸彈之「謎」。由於接觸了一些歷史的親歷者，他出乎意外得到了答案。

溥儀在審核東北省的文史資料稿時，偶然見到了張學良的胞弟張學銘。此時，張學銘詢問起溥儀：「你記得當年在天津時，收到過一份炸彈禮物嗎？」

「我記得很清楚啊。」

「你知道是誰送去的嗎?」

「不知道。」溥儀老實地回答説。

哪知,張學銘聽後樂了,隨即一拍大腿:「是我哥哥張學良派人送去的呀!」

「啊……」溥儀儘管過去心存這種猜測,然而被證實後,仍然止不住大吃一驚。

歷史竟如此撲朔迷離。溥儀直到事隔三十多年後方知,張學良當初之意是警告他不要與日本人勾結,誰想,竟成了日本人脅迫他離津的藉口。憶及往事,溥儀不禁感慨萬千:「那顆炸彈當時不但沒把我炸醒,倒使我糊塗了不少年。現在,竟成了我回首往事的遺憾!」

溥儀由此對在天津發生的種種「奇怪」之事,產生了懷疑,他在一份舊稿中慨然寫道:「現在回想起來,世界上哪裡會有這樣進行暗殺的笨蛋?還有,這件事的最後『傑作』之處,那個人是從張學良那兒派來的那句結語,更是笨得出奇和蠢得有趣的一個斷語。我常想,恐怕這種超藝術的畫龍點睛法,不但不會使被點上眼睛的紙上畫龍破壁而去,一定還會把那條被畫得栩栩如生的龍,給點成一條瞎了眼睛的死龍不可。」

而這條「死龍」,溥儀意識到了,並非別人正是他自己!

外人哪知，溥儀實在難忍內心的焦躁情緒。而淑妃離婚案，成了加速溥儀逃離天津的催化劑。

溥儀的天津離婚案，起因雖是婉容和文繡的矛盾引發。背景卻與民國大總統馮國璋家孫兒媳婦有關。離婚判決書下達，溥儀仍發佈一道上諭，將文繡「貶為庶人」。

溥儀之所以盡快了結這樁婚姻，其中一個最重要隱秘，乃是他無法說出口的。故事背後，另有人所不知的秘密。

注：本章部分內容，參見採訪載濤遺孀王乃文、溥儀遺孀李淑賢、溥儀的二妹韞龢、國舅潤麒等；參考《我的前半生》未定稿；《天津文史資料選輯》及相關回憶等史料。本書作者收藏有部分民國原版報紙，上面詳細記述了「淑妃離婚案」始末。

第三十二章

文繡「妃革命」

外人不知，溥儀正面臨着幾方面的壓力，而且無法對外說，只能暗暗隱瞞着。

一是，溥儀正在與日本人勾結密談，張學良派人送去炸彈水果籃，警告他不能降日。

二是，蔣介石則秘密派員前來警告溥儀，絕不能投向日本人。

在這種複雜背景下，又鬧出了「淑妃離婚案」，溥儀內外交困。

奇怪的后、妃顛倒

溥儀的二妹韞龢數十年後向筆者披露，起初，溥儀並非想娶一后一妃，而是只打算娶一位皇后。

據《我的前半生》記載，溥儀認為拿來的幾張照片上長相都差不多，便隨意在一張順眼的像片上畫了圈。而韞龢披露的歷史真相是，溥儀起先是按照六叔載洵和敬懿皇太妃的意見，才最初圈定了文繡為「后」。

說起文繡，世人只知她家原是個小官吏，據説其父親不過是一個候補知縣。其實，她的叔伯祖父額爾德特‧華堪官職並

文繡進宮候選照

不低，曾任六部之首的吏部尚書。但到了她這一代，已經徹底沒落不堪。

　　文繡出生於北京北城安定門的方家胡同。當初這裡的一大片宅邸，無不歸她家所有。此後由於家境敗落，經濟極為窘迫，她於是搬到了南城東花市一帶。直到上世紀六七十年代，東花市的胡同裡依然是雨天一腳泥。若追溯到民國初年，這裡本是窮人扎堆的貧民區。

　　據說，文繡當年給人家成天做挑補繡、縫襪底，家庭生活異常艱難。在這種情況下，她為甚麼還能被選為「后」或「妃」？皆因他的叔伯祖父額爾德特‧華堪與宮內的敬懿皇貴太

妃關係非同一般。文繡之所以被點做「皇后」，純出於這二老的背後運作。

大婚之際，文繡從「皇后」而降變為「淑妃」，乃是她與溥儀在天津發生「離婚案」的導火索。起初她被宮中的溥儀點成「皇后」，溥儀家族可就炸了窩。有人議論説：「文繡這模樣如果真成了國母，豈不太慘了點兒？」

文繡如何從「后」而變成了「妃」呢？此事其實另有內情。

在《末代國舅潤麒》一書裡，筆者詳細披露了其中內情。簡單地説，溥儀的七叔載濤與婉容的父親榮源兩人關係極好，於是皇七叔設法用錢疏通了宮裡的端康太妃，婉容旋即成了後來居上的正宮皇后。相反，文繡的命運，一夜之際卻從「被圈定的皇后」降成了「淑妃」。

其實，在兩人命運變化的背後，顯然是宮內兩位老太妃以及各自支持者——載洵與載濤暗中鬥法的結果所致。溥儀心知肚明，但也不敢輕易對外泄露「天機」（據溥儀的二妹韞龢的説法，溥儀在《我的前半生》中的寫法，是誰也不想得罪，避免家族矛盾）。

溥儀大婚期間所發生之事，也使文繡更加不滿。「大婚」是 1922 年 12 月 1 日舉行的，這是宮內欽天監擇定的吉日。對文繡來説，家裡是借錢「運作」使其被圈做「皇后」的，直到她進宮後家裡仍然欠着「印子錢」。按照皇家規矩，妃子須提前一天進宮，次日大婚時，還要恭恭敬敬地前去跪接「後來居上」的皇后。可想而知，文繡始終心裡憋着一肚子氣。

初婚時，夫妻關係還算不錯，溥儀多次帶她和婉容一起去景山、頤和園等處遊玩，還在宮裡讓她倆一起學自行車，三人

時常到宮內外各處遊玩，留下了大量歷史照片。

誰料，久之，溥儀見兩個妻子都不太開心，便給雙方抹稀泥，不承想，婉容和文繡都認為他偏向對方。雖然小摩擦不斷，在溥儀的盡力協調下，各方仍相安無事。那到底因何而造成后、妃二人，徹底反目？

后妃反目

說到婉容和文繡之間的矛盾越結越深，就不免要說起溥儀在 1924 年底出宮後的情形。至此，溥儀結婚才不過兩年，當溥儀寓居天津之後，婉容和文繡自然和溥儀一起住在張園內，

溥儀與婉容

倆人的矛盾在此期間爆發了。繼而在遷居靜園後，兩人之間矛盾更是愈演愈烈。

文繡來到天津之後，遇到一些事，雖說不大，卻使她感覺受到了極大歧視。

首先，溥儀每月給文繡和婉容的零花錢不同，婉容起初能領一千元，而文繡卻只能領取八百元。到後來，降成婉容三百元，文繡僅二百元。溥儀仍然是宮內的老規矩，按照他的話說：后就是后，妃就是妃。溥儀見文繡不滿意，索性把話又進一步挑明了：「你文繡在我這裡，就是個妃子……」這一句翻老賬的話，深深刺痛了文繡的心。由此，她情緒愈發低落。而溥儀對於文繡與婉容之間的爭吵，也十分厭惡。

為淑妃時的文繡

　　而文繡與婉容關係進一步惡化，是由一件小事引起的。七十年代末期，溥儀遺孀李淑賢曾對筆者講起，有一次她問過溥儀，婉容和文繡之間矛盾是如何引發的。

　　溥儀告訴她：冰凍三尺，非一日之寒。有一天，文繡不知是有意還是無意間向地上吐了一口唾沫，恰好婉容坐在旁邊。見此，婉容頓時來了氣，認為是變相罵自己，便狠狠瞪了文繡一眼，轉身又去稟報給溥儀。

　　聽到這個情況，溥儀隨即發話，讓一位老太監「奉旨」訓斥文繡一番。文繡表面一聲不吭，內心更氣惱萬分。

　　此後，文繡與婉容的關係更進一步惡化。此時婉容早已經吸食鴉片成癮。溥儀心情更是鬱悶。但溥儀仍希望一家人相安無事，卻總是事與願違。

　　靜園內時常有外賓來訪，有時趕上文繡鬧氣，即使溥儀叫她陪同，她也不去。而大夥兒照相時總是獨缺文繡一人。也有時，文繡剛剛為拍照而去換衣服，等她剛剛回來之際，拍攝已然結束。溥儀看得出來，文繡總時常顯現出一副愁眉不展的模樣。

　　當時，溥儀和婉容住在靜園的樓上，文繡則獨自住在樓下一層。以致發展到後來，文繡連吃飯也不和溥儀、婉容同在一桌。事實上，文繡和溥儀早已分居，既不同床而睡、也不同桌就餐，夫妻關係幾乎接近冰點。

　　而更為激烈的衝突終於發生了。據說，有一次大年三十晚上，照例是全家人團聚之日。然而，當晚溥儀依然沒找文繡一起吃團圓飯。據國舅潤麒回憶，文繡起初還希望溥儀找她來共度除夕，但溥儀根本沒搭理她。

　　於是，文繡孤苦伶仃地獨自悶坐屋內，越想越氣惱，一氣

之下，在屋內順手抄起剪刀，準備自盡。這時，隨身伺候的太監立即向溥儀稟報，誰料，溥儀聽到這個消息，居然怒氣沖沖地説：「淑妃想自殺？那就隨她去吧……」

因為此時溥儀始終夢想復辟未成，內心也正惆悵不已。這樣，三人之間的矛盾越鬧越深。

直到最後，鬧出了文繡離婚案。其實，文繡之所以最終離婚，與一個叫玉芬的女人有關。若探究起來，玉芬是民國大總統馮國璋的孫兒媳婦，據説跟文繡也沾點遠親。只因文繡的妹妹文珊與玉芬彼此關係極熟，文珊又經常來安慰姐姐文繡。在一次彼此聊天之中，文繡實在忍耐不住，便對妹妹述説了「天子婚姻」的實情：「我結婚九年來，竟然從來沒跟溥儀同過床，如今吃飯也不同桌了，零花錢又很少。在我看來，溥儀簡直視我為無……」

玉芬聽文珊轉述之後，便開始打抱不平。她氣憤地説：現在早就不是皇帝年代，已成了民國。如今民國崇尚自由、平等、法治。於是，在她與文珊的周密策劃和鼓動下，1931 年 8 月，天津發生了轟動國內外的淑妃離婚案，這被媒體稱為「妃革命」。

實際上，此前文繡早已不大跟溥儀説話。1931 年 8 月的一天，文繡的妹妹文珊藉口姐姐心情不好，想帶她出去散散心。溥儀自然無法拒絕，於是就派一個貼身太監跟着姊妹倆乘車駛出了靜園。

然而，三人來到國民飯店之後，文繡卻一反常態，轉身對太監説：「你回去吧，就跟溥儀説我不回去了，跟他法庭見……」

此時，文繡已不再口稱「皇上」，而是直呼其名。據說，起初溥儀聽到太監稟報之後，誤以為文繡純屬瞎咋呼。

「咋呼」二字，是由滿語轉換過來的一句老北京話。原意是潑婦，後來演變成了虛張聲勢且嚇唬人的意思。

由於文珊事先做了周密安排，文繡走進屋內，便見到了三位律師，張文俊、張紹曾及其他一位律師。有賴玉芬事先做了周密安排，文繡與這三位律師見面，其目的便是具體探討與溥儀離婚的程序。

溥儀的一道「上諭」

其實，若仔細探究起來，最初文繡並未直接提出離婚，據說，先是通過律師向溥儀明確提出兩點要求，大意是：

一是，溥儀對待兩個妻子，法律地位應當平等，一視同仁。溥儀須與婉容分開居住，且與文繡每月至少同房兩次。

二是，如溥儀不同意上述要求，則承擔離婚後果，須付給文繡五十萬塊大洋賠償。

若說到第一條，文繡明知道溥儀做不到，仍如此提出來，豈不是成心嗎？溥儀派出代表清室的二位律師，都姓林，人稱「二林」，其中一位主辦律師叫林廷琛。然而，雙方交涉的結果並不妙。這也是誰都能想像到的。文繡仍然堅持自己的主張，絲毫不退讓。而溥儀態度也倒很明確：只要文繡不離婚，其他都好說，只是索要五十萬大洋太多了。金額多少，是離婚案中雙方爭執的一個焦點。

當溥儀聽到文繡夜不歸宿的消息時，異常憤怒。就在文繡

當晚未回靜園第二天，媒體便公開見了報：「淑妃昨未回宮。」

現在分析起來，很有可能這就是文繡的律師事先策劃好的。當時市面上發行量比較大的有三大報紙——《大公報》《益事報》《世界日報》，大多競相報道了此事。這樁離婚案在媒體熱炒期間，有一位文繡的族兄跳出來，在報紙上毫不客氣地指責文繡：我家歷代蒙受皇恩，從爺爺輩即為吏部尚書，朝廷二品大員，文繡現在如此這般，對不起皇上……

當然，這些話是否溥儀暗中指使，找不到證據，但可以說，這至少代表了溥儀的聲音。

隨即，她在報紙上發表了宛如唇槍舌劍的辯言。文繡的犀

文繡離婚案登報

利文鋒，在報端嶄露頭角：「就法律而言，咱倆既不同父，亦不同母……」文繡一方面表示不認這位「族兄」，同時，也公開披露了一個令人吃驚的事實：「侍帝九年，未蒙一幸。至今仍為處女之身。」

這則消息，使國內外及媒體大為震驚。溥儀的宮闈之事，成了各大媒體炒作的話題，頓使「皇上」顏面掃地。由此發生了雙方律師之間的再度交涉。從內心而言，溥儀並不想離婚，覺得太沒面子，而從本質上看，他極力想盡快了結此事。也就是說，這樁離婚案的背後，溥儀仍然有着更加難以盡言的「隱秘」。

此時，上海《大公報》的立場相對客觀，而天津、北京的少數媒體，則多少傾向於溥儀。與此同時，外國媒體也加入了這場輿論大戰，一時，鬧得沸沸揚揚。

總體來講，支持溥儀的聲音略強大些，但以法律角度而言，顯然是難以站住腳的。晚清遺老雖然一應而起，然而，堪稱一把雙刃劍，這些人表面在聲討文繡，也給溥儀造成了狼狽不堪的負面效應。

其時，雖已進入民國，但上海有一幫清朝遺老，思想仍停留在清末。據報紙報道，這一夥人在哈同公園聚眾，集體聲討淑妃，譴責她背叛大清。有一位末代狀元劉春霖，公然號召大家去天津集體聲援「宣統」。各方簡直鬧成了一鍋粥。

據說，有的媒體報道，文繡早先曾表態說過：「生為大清之人，死為大清之鬼。」因不知此說，出處何在，筆者採訪過七叔載濤的夫人王乃文，她則另有一番說法：「載濤沒去之前，已知此事不妙。因為后、妃顛倒的始作俑者，就是載濤。對於幕

天津地方法院民事調解處

調解日期通知當事人書

為通知事茲因民國　年　月　日　號為

溥文繡聲請調解一案茲定於本年九月二日下午二時

在本院民事調解處施行調解該當事人務於調解日期前各推舉

調解人一人報告本處屆期協同到處以利進行特此通知

溥浩然　巳租界協昌里一號

中華民國　十年　八月廿八　日王哲良

天津地方法院民事調解處書記官

（注意）當事人如無正當理由不於調解日期到場者得科十元以下之罰鍰

本件送達不收分文　如有勒索准其告發

法院給溥儀的傳票

後門法的背景，文繡不可能一無所知。但載濤最初擔心文繡根本不肯見面。經過一番交涉，其結果是文繡見到載濤之後，只堅持一條：要求溥儀付給五十萬大洋作為賠償。」此後，雙方一再討價還價，頻經律師交涉，文繡提出要求賠償十萬大洋。

世人罕知的是，在此情況下，據說，載濤提出了一個解決方案：即溥儀每月付給文繡數千塊大洋，條件是不能離婚。因為離婚對溥儀既不利，對文繡也不好，並要求文繡返歸北京麒麟碑胡同，即敬懿太妃和莊和太妃所居住的小院。

在這次私下交談中，載濤懇切地對文繡承諾說：如果你居住在京城麒麟碑胡同那個院子裡，保你一生衣食無憂。不料，這一提議被文繡斷然拒絕。至此，文繡的態度愈加明朗，始終堅持兩點：一是離婚之事，堅定不移；二是要求溥儀賠償。

不久，天津法院向溥儀發出了一張傳票。說來，這也算是中國司法史上的一件大事。法院視「遜帝」與百姓平等，無疑說明了社會的進步。應該說，文繡在這件事上，有意無意間走在了時代的前列，她的法律意識在同時代女性中，顯然是超前的。在溥儀默許之下，雙方律師經多次交涉，最終達成六點協議，其實質主要有三點：

一是，從此，文繡與溥儀脫離夫妻關係。

二是，文繡承諾此後也不再另行起訴溥儀。

三是，溥儀明確答應賠償文繡五萬五千塊大洋。

這起離婚案以一紙法律文書終結，留給世人的思考，至少有三點：一是，民國期間「妃子」竟敢狀告「遜帝」，其維護自身權益的法律意識，至今仍有借鑒意義；二是，在中國三千多年封建專制社會中的末代皇帝，其婚姻居然結束於其妃子之

手，此事可謂永載史冊；三是，婚姻既有感性的一面，也有理性的一面。沒有愛情的婚姻歸根結底是不道德的，但合法合理是其前提條件。溥儀離婚案，即是一例。

值得一提的是，當法院判決離婚的法律文書下達之後，溥儀依然以皇上自居，且為顧及臉面，仍可笑地發佈了一道「上諭」。在這道上諭中，居然一再貶稱淑妃文繡如何如何不好，因此將其「貶為庶人，特此上諭」。

此事頗具歷史幽默感。儘管溥儀已遜位多年，其依賴以生存的封建皇帝制度消失了，其封建土壤亦不在，他已成了平民。然而，溥儀和少數人的舊意識，依然停留在「皇帝」時代。溥儀這道「上諭」，遂成了中國歷史上一則絕妙的諷刺。

然而，在「遜帝」與「淑妃」這一特殊離婚案的背後，深藏着外人難以想像的特殊內情。也就是説，溥儀悄悄潛往東北就任偽滿傀儡執政前後，仍然淹埋着不少人所鮮知的「秘事」。

靜園並不靜。夜半，靜園突然到訪一位重量級神秘人物，這使溥儀的命運發生了翻天逆轉。

溥傑也突然帶來一個神秘預言，這個神秘預言，居然變成了令溥儀驚詫不已的事實。

溥儀偷偷溜進海光寺日本兵營，被媒體捅了出來，傳聞中國人要對這個私通日本的漢奸下手，溥儀害怕至極，連靜園的大門都不敢出。

夜見土肥原的密談，無疑是溥儀承諾魔鬼的賣身契約。在唇槍舌劍中，土肥原對溥儀明確新國家是「帝制」，答應助其「復辟大清」，甚至還做了一項秘密承諾，這究竟是甚麼呢？

第三十三章

夜見土肥原的密談底牌

「人鬼」之間，溥儀在天津完成了質的蛻變。

對於溥儀一生來說，在天津發生的最重大事件，莫過於「夜見土肥原」。

事實上，溥儀由天津秘密潛往長春，絕非偶然。然而，其中最關鍵的環節則是溥儀在天津「夜見土肥原」的密談。這發生於 1931 年 11 月 2 日夜間。

在此之前，溥儀與土肥原的密談，曾歷經長期的暗中醞釀。

溥傑帶來的神秘預言

早在剛來到天津時，溥儀就不斷地接見一個個所謂有助於復辟的各路人物。

在 1930 年，溥儀盼來了溥傑帶來的一個消息。「九一八事變」前兩個月，在日本東京學習院讀書的溥傑接到吉岡安直的邀請，邀請溥傑到他家鄉鹿兒島度假遊玩。臨別前，吉岡安直把他叫到一邊，神秘地對他說：「你回天津之後，如果見到你哥哥溥儀，可以告訴他，東北的張學良近來鬧得實在太不像話

了，滿洲有可能發生重大事件。請皇帝多多保重，那時沒準兒可就有希望啦！」

據溥傑回憶，這個突如其來的消息，使溥儀一連興奮了好幾天。不久，日本一位子爵前來拜望，贈送給溥儀一把日本扇子，上面罕見地題寫着兩句詩：天莫空勾踐，時非無范蠡。對此，溥傑向溥儀解釋說，這是日本南北朝時期一位忠臣寫在櫻樹皮上，暗地裡傳達給失掉江山的君王的詩句，這隱含着溥儀有可能東山再起。

這個美夢又使溥儀一連幾天沒睡好。事後，他在鄭孝胥的日記裡，還發現了某人赴奉天，「謀復辟事」的記載。聽到「九一八事變」的消息，溥儀認為復辟有望，於是派出幾位心腹分頭去找日本的本莊繁大將以及東北軍的首領。可沒等部下回來，關東軍派人卻找到了溥儀。

9 月 30 日這一天，對於溥儀無異於「雙喜臨門」。一件事

溥儀在靜園和日本軍官合影

是，溥儀見到鄭孝胥拿來了一份報紙，上面印着大字題目：各界準備迎立前清皇帝。他捧在手裡，久久不捨得放下。

而另一件事則是，日本駐屯軍司令部的翻譯突然來到靜園，聲稱天津駐屯軍司令香椎浩平請皇帝到司令部，有緊急要事相商，且不要帶隨從，必須單獨前往。

溥儀進海光寺日本兵營曝光

當即，溥儀就獨自跟這位日本翻譯來到了海光寺日本兵營。果不其然，溥儀在這裡被客氣地讓進客廳裡，香椎浩平畢恭畢敬地告訴他，有兩位客人正等候着他。

溥儀一抬頭，見到兩個人筆直地站在那裡。意外的是，一個是其臣下，一身長袍馬褂的羅振玉，另一個則是身穿西裝的日本人。這個人正是關東軍參謀長板垣大佐派來的，叫上角利一。奇怪的是，香椎浩平迴避似地走出去，屋內只剩下了他們三人。

羅振玉滿臉笑容地向溥儀請安之後，拿出一封溥儀的遠支宗室熙洽寫來的親筆信，內容讓溥儀格外振奮，説是自己等了二十年了，終於等到這一天了。熙洽還提出，可以藉助日本人的力量，先據滿洲，再圖關內，甚至表態説：「只要皇上一到長春，立即宣佈吉林復辟。」

這封信看得溥儀兩眼發直，極為興奮。接着，羅振玉的話更讓他激動不已。他説：「東北三千萬子民都盼着溥儀回東北，關東軍更希望他復辟歸位。」

溥儀盡量掩飾內心的喜悦，但看到羅振玉比他還激動，説

得滿面紅光，全身顫動，覺得這次羅振玉或許沒有過分吹牛。

過去，溥儀一度不喜歡羅振玉，認為他言過其實，但這次有日本關東軍代表上角利一出場，他不得不信以為真。久經歷練的溥儀，並沒當場答應，只是承諾回去考慮一下，再作答覆。聽此，羅振玉頓時急了：「皇上，這還有甚麼可考慮的呢？越快越好。」

誰知，一心夢想重新登基的溥儀，剛回到靜園，便被迎頭澆了一盆涼水。八十四歲的陳寶琛以及一群帝師紛紛圍過來，表示不相信此事，又一聽到羅振玉，更來氣了，都認為羅振玉吹牛的老毛病又犯了。最後的一致意見是，要等各路消息打探清楚，再作決策。溥儀聽後，多少有點心煩，斷言說：「依我看，熙洽寫的信，是決不會撒謊的。」

「如果貿然行事，怕是去的容易，回來難！」說完，陳寶琛深深歎了一口氣。

溥儀已不願聽這些，更信任鄭孝胥的話。因為不久前，鄭孝胥前來請溥儀親筆題寫了一幅書法作品「舉世無雙」贈送意大利元首墨索里尼。他覺得鄭孝胥在國內外關係廣泛，是個有用之才。當年春天，溥儀還把二妹韞龢指婚嫁給了鄭孝胥的長孫鄭廣元。沒想到，鄭孝胥雖然贊成溥儀赴東北，但也一樣持保守態度。他提醒溥儀，說：「皇上能有今天，太不容易了。日本人如果不來親迎聖駕，他們也沒法收場。」

在溥儀聽來，他說的倒是實話。然而形勢複雜，似乎有點控制不住了。不止羅振玉一人，誰都希望溥儀親筆寫一紙「聖諭」，以便和日本人隨時聯繫復辟事宜，更使溥儀驚詫的是，羅振玉還帶來一個日本人的「勸進表」——讓溥儀當皇上，他

們聯合白俄將軍謝米諾夫，還有日本人的武力支持，準備奪取奉天，迎駕歸滿，但有一個要求，就是讓溥儀盡快提供經費。

這實際是騙錢。因為沒幾天，日本參謀部駐北京武官森糾，特意專程來到天津告訴鄭孝胥，羅振玉所言，完全是一派胡說。

在此之際，曾當過婉容老師的陳曾壽，又代表另一派呈上一道長長的奏摺，大意是，自古以來，就沒專恃外力而可以立國者，公開反對投靠日本人。沒等靜園統一意見，日本人內部也產生了分歧，消息傳來，溥儀全暈了，不知究竟如何是好。

正在溥儀拿不定主意時，日本駐津副領事後藤找上了門來。他說對於溥儀到日本兵營的事，他們全都知道了，還鄭重勸溥儀謹慎行事，奉勸溥儀現在可不要擅自離開天津。他們負有保護的責任，不得不作此勸告。

溥儀聽完此話，感到更懵了。與此相反，日本駐屯軍翻譯官天天逼着溥儀動身前往東北。他更拿不定主意了。

更熱鬧的是，英國人也忽然找上了門。英國駐天津司令官來到靜園，甚至幾近誇張地向溥儀表態：「如果陛下再登龍位，重新當上了滿洲國皇上，我倒願意充當僕人，做一名皇上龍旗下的士兵。」

聽到此話，溥儀頓時被驚呆了。他感到這不會是空穴來風。似乎為印證此事而來，久未見面的英國帝師莊士敦也來到天津看望溥儀，還帶來一部剛寫成的書稿《紫禁城的黃昏》，誠邀溥儀親筆作序。他解釋說，這次是代表英國外交部辦理庚子賠款後續之事以及歸還威海衛的遺留事宜而來。

這樣說來，自然使溥儀覺得莊士敦具有雙重身份。最讓溥

莊士敦（後排右一）等與溥儀、婉容

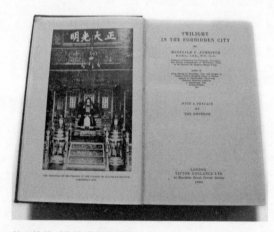

莊士敦著《紫禁城的黃昏》

儀暈頭的是，莊士敦信誓旦旦地說，要在這本書裡專門加上一章「龍歸故里」，再補上溥儀重新當皇上這事兒。溥儀聽此，又是興奮得睡不着覺了。

接着，幾個溥儀派往東北刺探情報的心腹陸續返回了天津。詢問的結果，其他人都一無所獲，只有一人，即陳寶琛的外甥劉驤業聲稱見到了日本關東軍板垣，證實羅振玉和上角利一代表關東軍前來見溥儀，確有其事。這又使溥儀心中充滿了希望。因為前不久，前清遺老金梁給溥儀捎來一句話：「一切完備，唯候乘輿臨幸。」

溥儀早已聽明白，簡單一句話，只等皇上登基。可進一步的消息，又讓溥儀變糊塗了。溥儀派鄭孝胥之子鄭垂親自去詢問日本總領事。結果反饋回來的消息卻是，日本方面要求轉告溥儀，滿鐵總裁內田也不同意他現在動身赴東北，因為他和香椎浩平商量過了，兩人觀點完全一致。

溥儀聽後，非常生氣，一天之內來自日本方面的幾派人馬，態度居然截然不一樣，到底怎麼辦？由此他意識到，日本上層內部意見並不一致。這位未來的皇上，心裡沒譜了。可這時，報紙上把溥儀秘密赴日本兵營的事捅了出來，傳聞有人要對這個通日的漢奸下手，溥儀極為害怕，覺得在天津待不住了。而他在靜園成天在寫委任狀的落款，預備着將來就任滿洲國皇上以後，發佈封官的聖旨。

在此期間，溥儀還幹了一件事，就是背着陳帝師而採納鄭孝胥的建議，派人去日本活動，給剛上台的日本陸軍大臣南次郎和日本黑龍會的首領頭山滿用黃絹各寫了一封親筆信。哪料到，1946 年在日本遠東國際軍事法庭上，南次郎出示了這封

信，證明溥儀充任滿洲國皇帝出於自願，繼而引起了一場軒然大波。值得一提的是，溥儀在黃絹上的落款赫然是：「宣統御璽，今上御筆。」

顯然，溥儀已經儼然以皇上自居了。可是這事仍然懸着呢。忽然，有一天，溥儀聽到報來一個消息，土肥原到了天津，要約他見面。他正求之不得。兩人見面談了甚麼呢？

夜見土肥原

對於土肥原，《遠東國際軍事法庭判決書》對他有一個簡潔的介紹，較為客觀：「土肥原是日本陸軍大佐，一九四一年升到將官階級，在『九一八事變』前約十八年間居住在中國，被視為陸軍部內的中國通。」

那麼，溥儀對他初次甚麼印象呢？溥儀在回憶錄中曾寫道：「他那年是四十八歲，眼睛附近的肌肉已出現了鬆弛的跡象，鼻子底下有一撮小鬍子，臉上自始至終都帶着溫和和恭順的笑意。這種笑意給人的唯一感覺，就是這個人說出來的話不會有一句是靠不住的。」

其實他屬於滿嘴謊言的那類人。交談中，狡詐的土肥原對溥儀說，關東軍對於滿洲絕無領土野心，只是誠心誠意幫助滿洲人民建立自己的新國家，希望溥儀回到發祥地領導這個國家，還明確他是國家元首。這時，溥儀發問了：「這是一個甚麼性質的國家？」溥儀問的實質問題是，自己是不是復辟當皇上。

土肥原卻是明確地說，是獨立自主的，是由宣統皇帝完全

做主的。

　　溥儀心知肚明，進一步發問，這個國家是共和還是帝制？是不是帝國？

　　這時，土肥原開始耍滑，説：這些問題到了瀋陽，都可以解決。

　　溥儀較真了：開始説不！「如果復辟帝制，我就去，如果不是，我就不去。」

　　土肥原仍面不改色，依然微笑着對溥儀説，當然是帝國，這沒有任何問題。

　　隨即，溥儀表態説，「如果是帝國，我就去。」

　　土肥原滿臉笑容，客氣地説，「那就請宣統皇帝早日動身，務必在十六日前到達滿洲。具體問題，到了瀋陽再談。」

　　最重要的是，這次土肥原不僅對溥儀明確新建立的國家將是「帝制」，並且承諾幫助他「復辟大清」。土肥原甚至還做了一項秘密承諾，如果一年後溥儀仍然沒當上皇帝，溥儀可以脫離此事。

　　現在看來，溥儀為偽滿洲國「執政」做了精心策劃和部署，連每一個細小環節，都考慮得極為周密。

　　不料，溥儀密見土肥原的事，旋即被報紙公開披露，引起了又一場軒然大波。見此，溥儀馬上召開了御前會議探討對策。誰料竟然引發了陳寶琛與鄭孝胥的一場亂戰。

　　即使爭吵到最後，狡猾的溥儀也沒表任何態，而是有意隱藏了自己的真實意圖。

一位神秘來客突然蒞臨靜園。舊臣高友唐竟然代表蔣介石對溥儀承諾：恢

復宣統帝號，恢復皇室優待條件，發給每年四百萬元優待費，並轉身返京

找到皇叔載濤，而皇叔明確表態，不贊成溥儀投靠日本人。高友唐又二次

徑奔天津求見溥儀。溥儀卻不見了蹤影。

臨離天津前夕，溥儀精心佈置了「迷魂陣」的一個「障眼法」，而在夜幕

掩蓋下，溥儀一行人鬼鬼祟祟溜到白河畔，繼而登上一艘日本商船「淡路

丸號」……

多年後溥儀才知，離他一米多處，藏匿着危及生命的「神秘物」，時刻有

人船俱毀之虞。若此連屍骨的渣子都留不下。

注：本章部分內容，採訪李國雄、趙蔭茂等多名當事人；參閱王文鋒著《末代皇帝溥儀

與國寶》。

第三十四章

溥儀施「尿盆計」遁離天津

外界不知，溥儀已發生了微妙的變化。

這要從 1931 年說起。溥儀從張園搬往日本租界。絕不是簡單的遷居，從這個動向可以清楚地看到溥儀未來的取向。他身邊的人觀察到，溥儀變得十分詭秘，神情也表現得極為緊張，時時陷入深思。

蔣介石的神秘說客

溥儀到天津之後，其實並不想顯山露水，一直想隱姓埋名地暗中從事復辟活動。溥儀在天津用得最多的名字，是「溥浩然」。這個以號為名的名字，因賑濟水災等善行，被時常登載在天津各種大小報紙上。

可當時，外界竟然沒多少人能將這個名字與遜位的「宣統皇帝」聯繫起來。老百姓多數根本不知道這就是溥儀。其實，世人罕知溥儀的乳名午格，字曜之、號浩然，在天津期間已被溥儀的家人所周知。有時他的二妹韞龢還時不時拿溥儀的小名兒在背地裡開起玩笑。自然，溥儀的幾個弟弟和妹妹的乳名，以及他們的「字」「號」，更鮮為人知，遂成皇室「秘辛」。溥

傑，乳名叫譽格，字俊之。溥儀為溥傑起號為秉藩，即秉承清末名臣曾國藩之志，為復辟「大清」效力。

溥儀一向主張低調的韜光養晦之計，受到幾位帝師的一致誇讚。起初，溥儀並不以為然。由於溥儀到外邊理髮，尤其是一次到開明戲院觀看梅蘭芳那齣《西施》的京劇，引起了一場軒然大波。一位前清遺老甚至寫了一道長長的奏摺，吵鬧着請求辭職，不再伺候溥儀了。極力避免內訌的溥儀只好賜他兩件珍貴的狐皮，承諾以後低調行事，這才完事。帝師們給他出的主意是，悄悄低調策劃，保持與各方聯絡，實施復辟帝制之舉。

人所罕知的是，國民政府早就盯住了溥儀暗中的動向，11月2日，當溥儀秘密夜見土肥原之後，一位叫高友唐的前清舊吏由皇叔載濤介紹而來求見溥儀。高友唐是滿族人，原名高繼宗，鈕祜祿氏漢軍旗人，奉天鐵嶺人。其出身於清朝仕學館，曾任晚清重臣張之洞的幕僚，也在清朝歷任多個官職，還曾辦過幾種報紙。南京國民政府成立後，他任監察院監察委員，曾以此身份主動替溥儀向南京國民政府索要「歲費」，雖然未獲成功，卻得到了溥儀的讚賞。

那些日子，溥儀心裡早有了底，認為大多數人對他的復辟事業無補，沒有任何用處。但對於請求接見的人，卻不敢統統回絕。

溥儀沒料到，這位前清遺老剛見面，就向溥儀做起了說客。來者鄭重其事，神情嚴峻，聲稱是蔣介石那邊發來了電報，讓他代表國民政府談判來了。原來，蔣介石聽說溥儀要投靠日本人，赴東北任傀儡皇帝，火速秘派前清遺老高友唐來遊說溥儀，勸阻溥儀絕不能投向日本人。

在來天津之前，高友唐本想與溥儀可能有共同語言。因為幾個月前，北平地方法院開庭審理五十四歲的高友唐與時年五十一歲並已分居多年的妻子高閔氏的離婚案。而溥儀與文繡離婚也剛剛不到一個月。

溥儀對於高友唐的話頓感意外，因為國民政府承諾恢復優待條件，按時發給每年四百萬的優待費。要是前幾年，溥儀早就眼紅了，巴不得如此。可這次，溥儀長了行市，始終對高友唐的話不置可否。

見此，高友唐滿臉賠笑地提出，錢好説，一次性付給溥儀一筆巨款也可以，讓溥儀盡可提出具體數額。溥儀依然默不作聲。高友唐又提出了優厚條件極力滿足溥儀，讓溥儀自行挑選地方，最好在上海。如果非要出洋留學不可的話，那國內外除了東北和日本以外的地方，都可以辦到。

聽到這兒，溥儀突然仰起臉來，發出了一陣冷笑：「啊？你們早幹甚麼去啦？優待條件廢除多少年了，孫殿英盜了我的祖陵，連管都不管。嗯？現在倒好，怕我出去丟蔣委員長的人了吧，這才想用甚麼優待條件糊弄我，你轉告他，我這個人不受任何人的優待施捨。」

説到這兒，負有使命而來的高友唐，低聲下氣地詢問溥儀：「您打算去哪兒呀？」

蔣介石承諾恢復溥儀的「帝號」

對於高友唐的問話，溥儀並沒正面回答，而是甩開了閒話：「虧你還是大清的舊臣，如今你不替我説話，反倒替他們

說話？居心何在？」

哪知，高友唐並不計較溥儀的破口中大罵，相反，委曲求全地一再央計溥儀。「央計」一詞，是從滿語轉化成的一句老北京話，即央求、懇請之意。

接着，高友唐對溥儀說：如果一旦優待條件恢復了，您當然還是皇上。宣統帝號自然也會恢復，如果您想回北京，也不是不可以。

聽到這兒，溥儀的臉色顯得稍微好了一點兒，繼而質問起了高友唐：「對於蔣介石我是了解的，他說話會算數嗎？」

高友唐連忙勸溥儀，他這時沒提蔣介石的名字，只是說，他們說話經常不算數，如果陛下不信，可以由外國銀行擔保。有了外國人當保人，蔣介石哪敢騙人哪？

溥儀根本不相信這些鬼話。他在數十年後曾寫道：「我對他的話並不相信。我早就聽說蔣介石的手腕厲害，有人說他為了和英美拉攏而娶宋美齡，連他的髮妻都不要了，根本不講信義，這種人是專門欺軟怕硬的。因為他怕日本人，現在看見日本人和我接近，就甚麼條件都答應下來，等我離開了日本人，大概就該收拾我了。」實際上，溥儀內心在盤算，就算蔣介石給我一個空頭帝號，那怎麼比得上土肥原承諾的實實在在的帝位呢？在帝號和帝位的概念上，溥儀是區分得極為清楚的。

交談到這兒，溥儀不打算和他談下去了，端起茶杯就要送客，高友唐連忙好言勸慰溥儀：「陛下再考慮一下，從長計議？」

「這樣吧，你說的話，我都知道了。」溥儀應付地說。

此時，高友唐誤以為事有轉機，還有希望，便對溥儀深鞠一躬，說：「陛下保重，您再想想，我過幾天再來聽您的信兒。」

高友唐轉身而去，向國民政府報功去了。他生怕不落實，返回北平後，找到並得到了皇叔載濤的支持。載濤明確表態，不贊成溥儀投靠日本人，恢復宣統帝位和優待條件多名正言順哪。

這樣，高友唐認為這回有戲，又再次直奔天津求見溥儀……

溥儀要的「尿盆計」

再說，為甚麼溥儀突然變卦，盡快了結這樁文繡離婚案？其中最重要的原因是，文繡已知道了溥儀與日本駐天津公使及土肥原的密談內容。這是溥儀絲毫不敢向外透露的一項絕密。

溥儀已決定潛往東北，唯恐夜長夢多，趕緊找來皇叔載濤親自與文繡私下達成秘密協議，即文繡不再向外界披露此事，溥儀付給賠償款之後，趕緊一走了之。數十年後，溥儀在《我的前半生》隻字未提內中細情。但據民國報紙披露：溥儀與日本人密談，「事為文繡所知，與其妹合謀，以此要挾脫離關係，並贍養費五十萬元，以為溥儀若不依從，則將此事宣佈」。

在這種複雜情形下，溥儀只能秘密行事。這些內情是婉容的弟弟潤麒事後才對筆者首次披露的。而真實細節的敘述，似應閃回到溥儀秘密潛離天津那天──1931 年 11 月 10 日。

以往每天清晨起床，溥儀總是叫隨侍李國雄或趙蔭茂去倒尿盆兒。臨離開天津前夕，溥儀精心佈置了「迷魂陣」。其中一個「障眼法」就是他潛走後，仍讓隨侍每天按時倒尿盆兒，使外人感覺溥儀仍穩居靜園沒動窩兒，以試圖瞞住外界。

直到溥儀離開天津幾天後，尿盆才不再倒，這些隨侍也隨

之悄然潛往東北。

有的書籍和影視，描述溥儀躲藏在一輛臥車內被送上船。實際上溥儀藏身的是一輛天藍色雙座的敞篷跑車。

按照事先預謀，溥儀與日本駐屯軍司令高田豐樹曾多次密談。在這天前半夜，溥儀及祁繼忠溜進汽車庫，將身子縮進後備廂。衛隊長李國雄使勁按下才勉強蓋上後備廂。溥儀為了絕對保密，這時，才讓司機佟公勇，即在他以為無人乘車的情況下，開走所謂的「空車」。在場目擊者只有李國雄。關於為溥儀開車的司機，至少有兩種說法：一種是，溥儀不敢擅用自家司機，而讓祁繼忠花錢找來一個地痞；另一種說法是，溥儀叮囑讓司機佟公勇開走這輛跑車。此處採用第二種說法。

沒料到，敞篷跑車剛駛出門口就撞上了一根電線桿。溥儀又被嚇得冒出一身冷汗。早已等候在靜園門口的日本人吉田忠太郎，見汽車駛出後，隨即由兩輛日本黑色轎車一前一後護衛

溥儀遁離天津的唯一歷史見證人——李國雄

着溥儀所乘坐的這輛跑車。路遇日本兵檢查，吉田忠太郎又跳下車制止，還協助拽開了橫在馬路上的路障。

在夜幕掩蓋下，汽車駛到日本人開的敷島料理店前。吉田忠太郎走過來騙開司機，從後備廂放出在內躲藏的溥儀。飯館裡預先隱藏的日本陸軍軍官方勳大尉，走了出來，他連忙讓溥儀套上日本舊軍服，又給他戴上了一頂日本軍帽。溥儀一行人鬼鬼祟祟溜到白河畔，見到一艘小汽船正在停泊等候，於是，溥儀登上了這艘日本商船。而溥儀邁出的這一步，竟鑄成了人生大錯。

「人鬼」之間，溥儀在天津完成了質的蛻變。他由一個喜作黃粱之夢的夢囈者，向民族罪人邁進一步。他把靈魂抵押給了魔鬼，用骯髒的漢奸皇冠交換掉了民族良心，從此踏上了一條難以救贖的不歸之路。

溥儀並不知，離他不過一米多遠的船艙處，暗中藏匿着時

溥儀在「淡路丸號」上

刻危及他生命的「神秘物」。日本人的指令是，一旦被中國軍隊發現就會下令，使人船俱毀。

　　此乃五妹夫萬嘉熙從日本《文藝春秋》雜誌，親筆譯出的《工藤忠回憶錄》所披露的一道密令。多年之後，溥儀才得知全部真相。